「ネオ漂泊民」の戦後

アイドル受容と日本人

中尾賢司

花伝社

「人間というのは通俗的な歌を思い浮かべないと夜眠れないときがあるでしょう。僕は眠りづらいときに考えるのはそういう歌ですね」（江藤淳）

（『文藝』冬季号（一九八八年）吉本隆明との対談で）

「ネオ漂泊民」の戦後——アイドル受容と日本人◆目次

はじめに

アイドルブームである。

ＣＤのランキングでは相変わらずＡＫＢ48をはじめとするアイドルグループが上位を占めているし、週末ともなれば全国のライブハウスやイベント会場でアイドルのパフォーマンスを観ることができる。二〇一四年の現在、アイドルグループの総数は五〇〇組を超えるといわれている。(1)また、そのようなアイドルのユーザーの裾野も広く、「ヲタ」と呼ばれるファンが必ずしも「オタク風」「アキバ風」といった一昔前の言葉でいえば「根暗青年」というわけではなくなっている。つまり、ひとつの若者の文化としてアイドルは定着しつつあるのだ。

本書はこの、現代のアイドルに着目するところからスタートする。

ところで筆者は、「kenzee 観光第二レジャービル」という、主に音楽や小説、映画についてレヴューするインターネットサイトを運営している者である。(2)

このサイトがきっかけで二〇一〇年に雑誌ライターとしてデビューした。最初の原稿は音楽専門誌で、小沢健二というシンガーソングライターについての文章である。つまり、アイドルというより、比較的ロック寄りの物書きとしてデビューしたのである。その後、若者向けの音楽雑誌などに寄稿するようになったのだが、この二〇一〇年とはまさにアイドルブームの最盛期であった。そして――ここが本書にとって重要なポイントなのだが――筆者は元々、アイドルにほとんど興味がないのである。

たとえば筆者は三〇代、四〇代の男性が、ナゼ一〇代や二〇代前半の女性歌手に夢中になれるのかが理解できない。そして、ナゼよりによって今、この二〇一〇年はアイドルブームなのか。筆者はまったく理解できなかったのである。

日本における若年女性歌手の歴史は古い。たとえば戦前の日本のジャズブームのなかで登場したのが日系アメリカ人歌手の川畑文子である。たどたどしい発音だった彼女は、一六歳から数年間で数多くのフォロワーを生み出すほどの人気だったようである。

川畑の特徴はカタコトでたどたどしい、つまり未熟で不完全な歌唱にある。そしてこのカタコト感は、のちのアグネス・チャンやK-POPやボーカロイドなどに受け継がれているといえる。[3]この未熟さを愛でる文化は一般に「萌え」などと呼ばれるが、このような感性が少なくとも戦前から脈々と我々日本人のなかにあることを、川畑の存在は示している。つまり、日本の音楽シーンには、いつだってアイドルブームは存在したのである。

ならば、ナゼ、今、アイドルなのか。

本書は、「アイドルを理解しようとして結局、アイドル文化を理解できず、むしろアイドルに日本近代史をみてしまった者の私的な考察」である。

筆者の見る限り、アイドル関連の文章には批評というものがほとんど見当たらない。[4]ひとことでいえば巷に溢れるアイドルを扱った文章とは、「アイドル万歳」という内容のものがほとんどなのだ。これが文学や映画であれば批評的な文脈というものが存在する。ロックなどのポピュラー音楽についても辛うじて批評的といえる文章はみつけることができる。しかしアイドルに批評は存在しない。

まず気になったのは、現代のアイドルブームは女性アイドル限定のものだということだ。無論、ジャニーズ事務所所属タレントの男性アイドルの存在感は揺ぎないものとしてある。しかし、今回のアイドルブームに限っては女性のものなのである。

もしかすると、現代の日本社会における女性の置かれた状況をアイドルは象徴しているのかもしれない――これが私の考察の出発点となった。

タイトルにある「ネオ漂泊民」とは筆者の造語で、社会学者・見田宗介が流行歌の研究書のなかで分類した「漂泊」の歌から発想したものだ。この「漂泊」の歌を聴いて育った戦後世代の子どもの世代という意味である。これは団塊の世代から我々団塊ジュニア世代までをも包括する属性だと筆者は考えている。

このような見地から、アイドル文化の埒外にいる者が、遠巻きにアイドルと社会の関係を眺めた、そうしたら現代の女性、現代の日本人とはなにかがおぼろげながら見えてきた、というのが本書の概要である。

しかし、同時に本書は「アイドルってなんだろう」と雲をつかむような抽象的な問いを出発点としているため、思考の連続の、つまり「取り留めのない文章」とお叱りを受けかねない内容であることも予め断っておきたい。しかし現在の、「抽象的な思考はいいから早く結論をだせよ」とでも言いたげな空気（インターネットサイト運営者として最近強く感じるのだ）に抵抗したい、という思いもある。抽象的な思考が結果、ものごとの本質を掴んでしまうこともあるはずだ。

しかし、その結論は読者の判断に委ねたい。

（注）

（1）「ゼロからでも始められるアイドル運営」大坪ケムタ・田家大知著（コア新書）に拠る。

（2）ブログ「kenzee 観光第二レジャービル」http://bungeishi.cocolog-nifty.com/

（3）このあたりの経緯は輪島裕介「カタコト歌謡の近代（2）二世歌手とニセ二世」（『アルテス』Vol.02 2012SPRING）に拠る。

（4）無論、「よい子の歌謡曲」のような批評的なメディアがかつて存在したが、現在、そのような精神を受け継いだアイドル系のメディアは見当たらない。

I

サブカルチャーと女の「近代」

第1章　「成熟」と「喪失」後の「母」

1　「おふくろさん」騒動にみる母親像

二〇〇七年に起こった〝森進一「おふくろさん」騒動〟をご存知だろうか。概要は二〇〇六年の年末に行われたNHK紅白歌合戦において、森進一は彼の代表曲「おふくろさん」を披露したのだが、その際、オリジナルにはない歌詞を付け加えたということで作詞者の川内康範が激怒し、著作権の侵害を訴えたというものである。

「おふくろさん」は一九七一年に発表された、「おまえもいつかは　世の中の傘になれよと教えてくれた」と故郷にいる母を思う望郷ソングである。この紅白のとき、森は「いつも心配かけてばかり　いけない息子の僕でした」というセリフを加えた。このセリフを付け加えたのは森の独断ではなく、森のコンサートを仕切っていた保富康午（大きな古時計の訳詞などで知られる）で、森が当時所属していた渡辺プロダクションの同意のもとであったが、川内には知らされていなかったという。

それにしても川内といえば、「月光仮面」をはじめとする日本の特撮ヒーロー物の原型を創造した人物で、永井豪がパロディ作品の「けっこう仮面」を発表するに当たって、激怒するどころか快諾したという逸話があるぐらい、パロディや二次創作については理解のある人物だった。だが、この「いつも心配かけてばかり　いけない息子の僕でした」だけは決して許すことなく二〇〇八年に逝去した。

森と川内の間にどのような確執があったかはわからない。だが、これらの事実から推測するに、川内にとって「おふくろさん」の主人公とは、「母親にいつも心配」をかけるような単純な不良少年の類ではなかったということだろう。川内は大正生まれの苦労人である。この時代においては珍しくはないのだろうが、小学校を卒業後、工場や炭鉱夫などの肉体労働を転々としたようだ。つまり、現代のヒットソングやマンガや映画に描かれるようなモラトリアム的な青春期を経ていない人生である。

森進一の「はしたない歌い方」

戦後社会にモラトリアムを生きる若者が登場するのは、朝鮮戦争による朝鮮特需以降と考えられる。一九五〇年代後半に漸くジェームズ・ディーンの映画や石原慎太郎「太陽の季節」のベストセラーなどを経て、「モラトリアムを生きる若者」、「反抗する若者」像が形成されていく。

とくに「反抗する若者」は、太陽族や六〇年安保の学生たちを通して一般に知られるようになる。この「反抗する青春」を支える背景として学校の存在を無視できない。

文部科学省「学校基本調査」(1)によれば、第二次世界大戦以前の高等教育機関への進学率は数パーセントに過ぎない。それが一九五九年の男子の高校進学率は五七・五パーセント、六四年が七〇・六パーセントで一三ポイントの上昇である。一九六九年に七九・二パーセント、筆者の生まれた一九七四年では八九・七パーセントで、その後はほぼ横ばい状態となる。

つまり、この五九年から六四年の五年間とは、他の期間と比べても飛躍的な伸びであるとわかる。この時期に高校に進学した者は言うまでもなく団塊の世代である。森進一はまさに一九四七年生まれ、団塊ド真ん中の世代であった。

ところで森の特徴的な歌唱は、一九七一年当時、大衆にどのように受容されたのだろうか。高護『歌謡曲』のなかに、森の一九六六年のデビュー曲「女のためいき」がどのようなインパクトであったかの解説がある。

「離しは」の頭の「は」でいきなり破裂気味に絶叫する歌唱はそれ以前の歌謡曲には存在しなかった表現である。ハスキーというよりも枯れて掠れた声質は、2番3番と曲の進行に合わせるかのように徐々に音圧が増幅され感情が高ぶってゆく。きわめつけはラストの「女の～ため息」の前に配置された「ア・アア・あ～」の1フレーズで、これは官能ともいうべき表現が、歌唱として歌謡曲に導入された歴史的な瞬間である。

（高護『歌謡曲』岩波新書）

森の歌唱法は当時の子どもにもインパクトがあったようだ。音楽評論家の湯浅学は「女のためいき」の時、小学校四年生だったというが、衝撃的だったという。

初めて森進一のデビュー曲「女のためいき」を聴いたとき、「何かがものすごくおかしい」と思った。おもしろい、と同じに違和感があった。しかしとんでもないインパクトだった。一度聴いたら忘れない。忘れられない声であり歌唱だった。おかしい、というのは恐怖心と背中合わせだ。たとえば今なら、メインの出演者がいきものがかりと福山雅治の回の「ミュージックステーション」にディスチャージがでてきたような有り様を想像してみてほしい。

（『en-taxi』Vol.35 Spring2012「何かがものすごくおかしい――森進一の衝撃」湯浅学、扶桑社）

少なくとも、当時の歌謡曲における常識的な歌唱から見れば、かなり異質な表現として登場したようだ。「おふくろさん」においても同様で、歌いだして数秒後には、メロディを無視したような絶叫のトーンとなる。

そしてこのような異質な歌唱法は川内の同世代、つまり戦争体験のある当時の五〇代の者は

「はしたない歌い方」と眉をひそめた。しかし、森と同世代の二〇代の若者には熱狂的に受け入れられた。なにしろこの時代の二〇代のほとんどは高校を出ており（つまり、モラトリアムの青春を経ている）、七〇年安保の終焉も目撃している。ここに川内と森の「おふくろさん」の解釈の相違の遠因が見られる。

川内の世代の場合、そもそも親に反抗しているヒマはなかったのだ。なにしろ小学校を卒業するとすぐ、丁稚奉公に行かされるのが普通であった。「大人」と「子ども」の中間たる「青春」という概念は当時、この国では一般的ではなかったのである。(2)

しかし戦後、高等教育を受ける人口の飛躍的な上昇で大人でも子どもでもない猶予期間、いわゆる「青春時代」を送る者が増大する。舟木一夫の「高校三年生」のヒットは一九六三年で、この翌年に高校進学率は七〇パーセントを超える。

母親像の読み替え

川内にとって「おふくろさん」とは、幼年期の記憶の中心にあるものだと思われる。小学生ぐらいの子どもにとって、母親とは自分と世界を繋ぐ接点のようなもので、農村共同体における人間関係、社会関係資本の窓口たる存在であったのだろう。また、川内の母親はおそらく明治生まれのはずだが、近代以前の農村の女の人生モデルとは「労働」と「出産」に集約されていた。そんな川内の母親は、「社会へでて、世の中の傘となれ」と教えたのだろう。

しかし、森をはじめとする団塊以降の世代の解釈はまるで違った。不良行動や学生運動などで、「猶予期間において親に迷惑や心配をかけた。しかし、今は反省し、また感謝している」という別のストーリーにこの歌は読み替えられたのだ。おそらく川内を激怒させたのは、このような不良少年や左翼学生のセンチメンタリズムへと誤読されたことによってだろう。

しかし、この誤読があったからこそ「おふくろさん」は成功したのだともいえる。森の歌唱は、それまで「はしたない」「下品」とされてきた、情念をむき出しにした表現であるが、この時代に勃興した日本語のロック・フォークムーブメント――「ガロ」や「COM」に代表される青年まんがが、少女まんがを文学の領域へ推し進めた「二四年組」と呼ばれる一群の作品の時代精神と呼応するものであった。

この曲の二年後、一九七三年に海援隊の「母に捧げるバラード」がヒットする。この武田鉄矢による語りが八割を占める曲は、まさに「いつも心配かけてばかりのいけない息子」である武田自身を戯画的に描く。ろくに学校へは行かず「フォーク狂いの馬鹿息子」と近所で噂される[3]、といったこの時代の若者らしい猶予期間を生きる子と実直な母親との密着した関係が描かれている。武田もまた一九四九年生まれと、森の二歳年下とはいえギリギリ団塊の世代である。武田の母も、労働、出産、子育てで人生を終えた前近代の女性だったのだろう。

そうして、「母に捧げるバラード」はヒットしたが、これ以降、「おふくろさん」や「母に捧げる〜」のような前近代的な母親を描いて共感を得る、というようなヒットはなくなる。少なくともJポップと呼ばれる若者向けのポップミュージックにおいてそのような楽曲はみられなくなる。

流行歌における「母」の変容

無論、ポップミュージックから「母親」が消滅したわけではない。たとえばラップ、ヒップホップの世界では脈々と母親に感謝を捧げる曲が生み出されている。K-DUB SHINE「今なら」（二〇〇四年）や、Zeebra「結婚の理想と現実」（二〇〇〇年）、LG Yankees「Dear Mama feat. 小田和正／Eternal」（二〇〇八年）などでは母親への感謝の思いが告げられている。これらの楽曲に共通しているのは「ガキの頃はヤンチャで母親に迷惑をかけた。だが、今は夢を見つけて一人前になれるよう頑張っている。今では母親に大変感謝している。そのうち恩返しするのでよろしく」という物語構造である。これは川内が激怒した、「いけない息子の僕でした」の変奏であり、「おふくろさん」の系譜といえる（ただし、いずれの曲も「おふくろさん」「母に捧げる〜」のような大ヒットとは程遠い知名度ではある）。

武田やラップ曲に見られる母親はひたすら苦労人として描かれるが、近年、低成長時代を反映したかのような新しいタイプの母親像もJポップに登場している。

つんく♂作詞による二〇一〇年作品、スマイレージ「同じ時給で働く友達の美人ママ」には、飲食店でアルバイトをしているらしい主人公の同級生の母親がパートとして職場に入ってくる。

主人公の憧れの店長を、その友達のママに横取りされて「ああ　嫌だよ完敗」と嘆くというもの。その母親の職場におけるふるまいとは「来たばかりは韓流スターにキャキャキャキャッキャキャキャキャ言ってたじゃん」「さりげに（店長の）肩なんかポ～ンとタッチして　NO　大人技使わないで」といった、苦労人というより部活の延長のような軽いタッチである。

クレイジーケンバンド「SEXY SEXY MAMA」（一九九八年）においても現代的な母親像が描かれる。ディスコでナンパした彼女にはお腹に子どもがいる。「女手ひとつで育てるつもりかい？　オイラがその子のダディーになってもいいいぜ」というもので、前近代の「母」という重力からサラリと逃れていて痛快である。

川内康範の考える前近代の共同体と同義の「母」。そして、六〇年代以降、若者の猶予期間の登場による、母子密着期間を経ての「自我の成長ストーリー」と紐づけられた「母」の登場。そして同級生の母親がアルバイト先の同僚であったり、身重でありながら夜の街での活動も続ける、現代的な「母」。この変容は、筆者のようなポップミュージック論者の視点から日本社会を考えるうえで興味深い。

「母」から「ママ」へ

日本の流行歌の歌詞分析の原点である、見田宗介[4]「近代日本の心情の歴史」では、「近代日本社会」をこう考える。

「近代日本社会」の実体は、二つの相当に異質な時代に区分されます。明治維新からちょうど一〇〇年後、一九六〇年代を中心とする「高度経済成長」期までの、いわば「前期近代日本社会」は、強固に残存し続けた農村共同体を基盤として、長男やまたその長男が結婚しても同じ家に住むことによって連綿と保持される「直系拡大家族」を生活の骨格とする「半近代的」な社会といってよいものでした。(中略)「前期近代日本社会」の流行歌には、歌詞のうえからも大きな特色がありました。一般に多くの社会では流行歌といえば、圧倒的に多くの部分を「恋愛」のテーマが占めるものですが、「前期近代社会」の流行歌には、この恋愛のテーマとほとんど並ぶ、一般的なテーマがありました。それは、「農村と都市の交情の歌」と呼ぶべき主題でした。つまり、都会にあって故郷を懐かしむ歌、および、農村にあって都会に憧れる歌でした。(中略)明治維新後一〇〇年間の日本は、先にのべたように、農村の共同体と、長男から長男へ受け継がれてゆく直系大家族のシステムを温存したままで、次男、三男が都市にでて重工業の底辺を担い、娘たちがでていって軽工業の底辺を担ったのでした。(中略)日本の産業労働者は、故郷の駅を見送られて産業地域にでてきたのです。彼らの人生の最終的な拠り所はこの「故郷」にあり続け、盆暮れの民族大移動という日本的な現象を生み出しました。日本列島に幾百万という「愛のきずな」が張り巡らされたのです。

(見田宗介『定本・見田宗介著作集Ⅳ・近代日本の心情の歴史』岩波書店)

川内の「母」とは、ギリギリ六〇年代までは存在しただろう農村共同体を基盤とした「前期近代日本社会」の母だった。しかし、保富の「おふくろさん」に付加したセリフ、武田の「母に捧げる～」以降の息子と密着する「母」は、七〇年代から主流となっていく。その後に登場する「同じ時給で働く～」、「SEXY SEXY MAMA」の母とはもはや「母」ですらなく、「子どものいる女性」でしかない。つまり、武田のあたりで前期近代の「母」がいなくなるのだ。

この「母」が消失するとば口にも、「母」を描いたヒット曲があった。一九六三年発表の「こんにちは赤ちゃん」だ。

これは永六輔による作詞の国民的ヒット曲だが、この歌に登場する「ママ」には、のちの「おふくろさん」や「母に捧げる～」に見られるような前期近代的農村の匂いがまったくしない。郊外の団地や新興住宅地における「核家族」特有の明るい希望の、幸福な匂いしかしない。ここで「わたしがママよ」と赤ちゃんに呼びかける女性はもはや農村の「母」ではなく、「ママ」なのだ。

一九五〇年代には「六〇〇万農家」といわれていた日本の農家戸数も、七〇年代には専業農家の数が八四万戸となり、日本万国博のあたりを境に、農村的共同体が日本社会から姿を消していく。この「ママ」こそ、日本の近代と高度成長期に突如現れた「専業主婦」である。この専業主婦は六〇年代の高度成長期を乗り越え、石油ショックを経て、八〇年代のバブル期までを駆け抜けることになる。

2 「恋愛」を経由した「ママ」

梓みちよの「こんにちは赤ちゃん」は一九六三年に発表され、一〇〇万枚を超える大ヒットとなった。ところで、この歌に登場する「パパ」や「ママ」とは誰だろうか?

この時代はいよいよ都市と農村の人口比が五〇%を越える時期であり、多くの農村の次男、三男が集団就職などで都市に流入した。第一次産業から第二次産業へと産業構造が変化していったのは一九五〇年代だが、こうした経済成長を背景に集団就職が本格化した。彼らの上京手段たる「就職列車」(青森~東京間)の運行が始まったのは一九五四年のことである。

無論、多くの若者は中卒で、商店や工場における単純労働のために雇用されたのであり、現代から振り返ってみれば、家族や農村の共同体から引き離され、身一つで世帯を形成していった最初の世代ということになる。彼らの孤独や寂しさを代弁したのは春日八郎「別れの一本杉」(一九五五年)や青木光一「早く帰ってコ」(一九五六年)、鎌多俊興「哀愁列車」(一九五六年)島倉千代子「会いたいなァあの人に」(一九五七年)などの望郷ソングである。

その後、一九六四年の東京オリンピック開催に向けて、上京した若者たちは黙々と働き、居場所を作ってゆく。そして家族を形成していった。それがこの一九六〇年代初頭のことである。

つまり、この「パパ」は地方出身の工場労働者などだ。それでは「ママ」は誰か？　同じ出自を持つ、就職列車に揺られて都市へでてきた農家の娘であろう。

前近代的な農村型共同体における女性の役割は、農家の跡取りと結婚し、次世代の労働力たる子どもを産み、また自身も農業における労働力として機能する、と規定されていた。ここには「恋愛」とか「女の幸福」といった近代的思考を許す余地はなかった。しかし、経済成長の中で、若い労働力が農業から製造業に移行していったとき、男性は「農村共同体」から「企業」という新たな共同体へ移行する変化はあったが、女性は出産・子育て（前近代には現代的な意味での子育てという概念はなかった）を契機に企業共同体から抜け出すことになる。

これで戦後の専業主婦登場の状況が整った。この「ママ」は農村的なしがらみからも、企業共同体の抑圧からも自由な、「おふくろ」でも「お母さん」でもない「ママ」となった。この「ママ」には従来の「おふくろ」「お母さん」にはなかった概念が付加された。「恋愛」という経験である。

　生まれたばかりの赤ちゃんと対面したときの喜びを歌い上げたこの曲で印象的なのは、梓（みちよ）が「わたしがママよ」とささやきかけるように歌うところだ。この曲には「この幸福がパパの希望よ」というフレーズもある。（中略）こうして広がっていった「ママ」「パパ」という呼称は、男女間の愛情によって成立するという恋愛結婚の理想と切り離せない。「こんにちは赤ちゃん」の歌詞にもあるように、赤ちゃんは「二人だけの愛のしるし」であり、だからこそ「すこやかに美しく育て」といのる。

（太田省一『紅白歌合戦と日本人』筑摩書房）

この歌の作詞は永六輔によるものだが、当時、映画やドラマの中にしか存在しなかった「恋愛」という概念と、「結婚」「出産」「子育て」という現実の人生イベントをひとまとめにパッケージングしている。この永の歌詞世界は、当時勃興しつつあったサラリーマン、専業主婦、高等教育を受けることとなる子ども、郊外の団地やニュータウンといった環境、新しい人生モデル……そういった社会の変容と呼応するものだった。

「ママ」の起点としての恋愛

もうひとつ、「ママ」と「おふくろ」を切り分ける分岐点がある。桜井哲夫『可能性としての「戦後」』（講談社選書メチエ）によれば、一九五四年に出版された育児書の発行部数は一万部を超える程度だったものが、一九五八年には二三万部になり、一九六〇年には四〇万部を超えた、とある。

この頃の育児書二大ベストセラーといえば松田道雄『私は赤ちゃん』（一九六〇年）、ベンジャミン・スポック『スポック博士の育児書』（一九六六年）で、六〇年代とは空前の育児書ブームの時代だったといえる。松田本は市川崑監督で「私は二歳」という映画にもなった。

この頃、急速に育児書ブームがやって来た背景には、出産の施設化が挙げられる。従来、出産とは家で産婆が赤ちゃんを取り上げるものであった。しかし一九五一年、戦後の占領政策のもとで、産婆制度は解体される。代わって医師が病院などの医療施設で分娩を行うようになる。つまり、「ママ」自身が農村的共同体から切り離されただけでなく、出産も農村から隔離されたのだ。

この「ママ」で注目したいのは「恋愛」という変数である。「こんにちは赤ちゃん」は「恋愛」「結婚」「出産」「子育て」までがひとまとめに串刺しにされているが、従来の流行歌においては「恋愛」とそれ以外は別件だったのである。無論、従来の流行歌においても「恋愛」は描かれてきた。しかし、それらは「結婚」や「出産」のような人生イベントとは明確に区別されてきたのだ。

前掲の見田宗介「近代日本の心情の歴史」において見田は、流行歌に見られる恋愛・慕情について考察している。この中で見田は明治元年から昭和三八年（一九六三年）までの四五一曲を素材にさまざまに分析を試みている。見田によれば恋愛をテーマとするものは副次的、間接的なものも含めて二〇九曲、四六・三%であるという。意外と半分より少ない。これは明治期には自由民権運動による社会風刺の歌、日清、日露戦争の歌が多く占めるためだとしている。戦後になるとこの比率はグンとアップし、九八曲中、七一曲で七〇%を超えるとある。

ところで「恋愛」はわかるが、歌謡曲における「慕情」とはなにか？　見田は「自己と対等以上のものとして意識された他者にたいする、距離感をともなう愛情であろう。(中略) 慕情はつねに、物理的・心理的な距離によって直接的な発露をはばまれている愛情である」と規定している。先の望郷ソングに見られる恋愛感情とはこの「慕情」に含まれるものだ。慕情は距離の感覚を前提とするものだが、この戦後の九八曲の恋愛ソングの多くは「慕情」ソングである。無論、一九五〇年代以降の地方↓都市への人口の移動を背景にして生み落とされてきた歌たちである。

しかし、「こんにちは赤ちゃん」にはまったく慕情の気配が感じられない。

見田の研究はこの一九六三年をひとつの区切りとして、六四年以降を論じていないが、結果的にこの六三年区切りは正しかったといえる。というのも、六〇年代も後半ともなると和製ポップス、ビートルズ旋風、演歌の登場、と歌謡曲の歌詞は趣味化、多様化していくからである。この多様化のとば口に「こんにちは赤ちゃん」があったことは象徴的に思えてくる。

3　「赤ちゃん」は誰か？

それでもこの「ママ」は戦前の生まれであるし、うっすらと焼け野原の記憶もあるだろう。家族や身内を戦争で亡くしているかもしれない。そして自身は産婆によって取り上げられた子どもなのだ。彼女らの子どもたる「赤ちゃん」は、一九六〇年ごろに生まれている。戦後世代の代表といえば団塊の世代だが、通常団塊といえば一九四七年〜一九四九年生まれを指すので、団塊より一〇年以上下の世代ということになる。

そこで唐突だが、田中康夫(5)のベストセラー小説「なんとなく、クリスタル」について考えてみたい。

「なんとなく、クリスタル」は現在、新党日本の代表を務める田中康夫氏が、一橋大学在学中の一九八〇年に発表した小説である。東京に暮らす女子大生の主人公が、当時の流行や風俗を交えながら自身の生活や意見を一人称で語るものだが、この小説最大の特徴は、本文に登場するブランド名や飲食店、地名などの固有名詞への「NOTES」と呼ばれる注釈が四四二個もつけられていることだろう。それが粘着質の田中らしい独特の批評的、嘲笑的な文体でツッコミとして機能しており、まるで作者が気取った都会的テレビドラマに茶々を入れながら鑑賞しているような奇妙な構造となっている。たとえば主人公が自身の育ちのよさをそれとなく説明するシーン、「私は生まれてまもなく、パパはロンドンへ転勤になり、私が幼稚園のころまで、一家はイギリスに住んでいた」という箇所の注釈では、「今や、外国へ行くからといってエリート社員とは単純に言えない時代です。入社前から、語学の才能があり過ぎるのも、考え物です」と、逐一冷やかすような注釈を入れる。

この小説は一〇〇万部を売り上げ、田中の著書のなかでも未だ最大のベストセラーとなっている。この小説の主人公・由利は、東京の女子大生でモデルのアルバイトをしている。彼氏の淳一はフュージョンバンドのキーボード奏者で、同棲ならぬ「共生」生活を送っている。お互いの収入で生計が成り立っているという都合のいい設定で、洋服のブランド、青山や六本木のレストランやバー、有名私立大学の学生、最新の海外のポピュラー音楽の話で本文のほとんどが費やされてしまう情報誌のような小説だが、久々に読み返したところ、一箇所、立ち止まるところがあった、

結局、私は「なんとなくの気分」で生きているらしい。そんな退廃的で、主体性のない生き方なんて、けしからん、と言われてしまいそうだけれど、昭和三四年に生まれた、この私は、「気分」が行動のメジャーになってしまっている。

（田中康夫『なんとなく、クリスタル』河出文庫）

この、ブランドやオシャレな飲食店しか興味のない、来るべき消費社会を体現したような女子大生は、一九五九年生まれなのである。さらに（これは田中の例の慇懃な口調の注釈にもなかったのだが）彼女は元号でモノを考えていた。なんと、彼女が生まれたのは終戦の玉音放送からたったの一四年後のこと、まさに「こんにちは赤ちゃん」の世代であった。

母親予備軍として描かれないままの主人公

ちなみに作者の田中康夫は一九五六年生まれで、「こんにちは〜」と団塊のちょうど狭間にあたる。無論、由利の両親は就職列車に乗って都市へでてきた人々ではないが、幼年期に戦争を目撃した世代には違いない。

不思議なのはこの小説には、由利の母親の話がまったくでてこないのだ。父親の話も、先の「語学が堪能でロンドンに赴任した」のくだりのみである。母親の影がまったく感じられない。唯一、恋人の淳一の母親の話だけはチラっと登場する。

彼のママが病気で亡くなってしまったのは、十一月の末だった。前にも話したように、彼はママっ子だった。長男として生まれた彼は所謂、総領の甚六という感じだった。（中略）彼の理解者だったママが死んでからは、よけいにパパとの仲がうまくいかなくなっていた。（前掲書）

これだけの描写であり、淳一の母親のパーソナリティはまったく伝わってこない。彼女の思考は恋愛やセックスや消費行動に特化されており、結婚や出産といった、二一歳なら多少は考えるであろう女性の人生イベントについて、少しも思いを巡らすことがないのだ。本文のラストで一〇年後の自分について想像するシーンがある。

三十代になった時、シャネルのスーツが似合う雰囲気をもった女性になりたい。（前掲書）

そして、三〇代になっても仕事のできるモデルになっていたい、と願う。結婚、出産という言葉はついに登場しない。由利が「母親」のイメージを最後まで描くことなくこの小説は終わる。そしてこのような表現は作者の意図によるものだと最後に明かされる。

この小説の最後に唐突に現れるのは、人口問題審議会の「出生力動向に関する特別委員会報告」と「昭和五四年度厚生行政年次報告書（五五年版厚生白書）」から抜粋した少子高齢化を示唆するデータである。

①出生率の低下は、今後もしばらく続くが、八十年代は上昇基調に転ずる可能性もある。
②しかし出生率が上昇しても、人口を現状維持するまでには回復せず、将来人口の漸減化傾向は免れない。「出生力動向に関する特別委員会報告」（前掲書）

今読むと極めて楽観的な見通しだと感じる。二〇一三年に出た現行の文庫版には、高橋源一郎の解説が収録されているが、やはりこのデータに言及している。

ちなみにこの予想は外れ、出生率は一九八七年に「一・七」を、一九九二年に「一・五」を、二〇〇三年に「一・三」を切った。また「（六十五歳以上の）老年人口比率」に関して「一九七九年　八・九％」「一九九〇年　一一％（予想）」「二〇〇〇年　一三・〇％」であり「二〇二〇年　二九・一％」「二〇六〇年　三九・九％」と予測されている。

政府の（楽観的な）予想は外れ、いまこの国は、誰にも予測できない不安な未来へ向かいつつある。

（『唯一無二』高橋源一郎による解説）

無論、現代における晩婚化、少子化は、バブル経済の崩壊、二〇年以上に亘る構造不況、そして二度も見舞われた大震災……こういった要素が複雑に絡んでいるので、一概に当時の政府の見通しが甘かったと断罪できるものではない。

しかし、「わたしがママよ」と新しい時代の子どもとして誕生した世代が、消費行動にばかりうつつを抜かし、母親としての人生を二〇歳を過ぎても誰も考えなくなる、そしてこの傾向は加速化するだろう、と無名の二四歳の学生が警鐘を鳴らしていたことは、もっと評価されてもよかっただろう。

繰り返すが、由利はブランド名などの情報で主体を形成している。由利からブランドやレストラン名や最新の洋楽などを引き剥がしていった時、なにが残るだろう。素朴な上昇志向だけがそこに鎮座するのか。

このような女性の主体の「情報化」を、この小説の一三年前に、文芸評論家の江藤淳は指摘している。次章では、江藤の一九六七年発表の長編評論「成熟と喪失」で指摘された女性の「人工化」「情報化」について考えてみることにしよう。

(注)

(1) 文部科学省・学校基本調査
http://www.mext.go.jp/b_menu/toukei/chousa01/kihon/1267995.htm

(2) 無論、明治期から昭和初期にかけての日本の近代の初期には高等教育を終了しながら、労働に従事しない、高等遊民と呼ばれる人々がごく一部存在した。夏目漱石の「それから」の長井代助、川端康成「雪国」の主人公・島村などがこれに当たる。彼らが日本における元祖モラトリアムといえる。

(3) この曲のセリフの部分は、多数のヴァージョン違いが存在する。誰もがなんとなく印象に残っているフレーズ、「テツヤ、アンタはよう学校行ってこんかね、近所の人がなんて噂しとうかわかっとんかね、『タバコ屋の武田ん方の息子はフォークソング狂いのバカ息子』って噂されよっと」という有名な箇所がある。しかし、この曲の初出、海援隊のアルバム「望郷篇」(一九七三年)収録のオリジナル版は、「学校」ではなく、「大学行って学問してこい」となっているし、「フォークソング狂いのバカ息子」は単に「バカ息子」である。ともあれ、七〇年代初頭にはモラトリアム期間はもはや、二〇歳をまたぐ大学時代にまで及んでいることをこの歌は今に伝えている。

（4）見田宗介（一九三七〜）日本の社会学者。本書ではたびたび、氏の「近代日本の心情の歴史」を引用しているが、二〇一二年に岩波書店から配本された『定本　見田宗介著作集Ⅳ』を使用している。初出は一九六七年、講談社のミリオンブックス版。流行歌における歌詞分析の先駆となった。見田はこの本を信州白馬の民宿にカンヅメになり、一四日で書き上げたという。

（5）田中康夫（一九五六〜）日本の政治家、作家。一橋大学在学中の一九八〇年、小説「なんとなく、クリスタル」で文藝賞受賞。この作品は一〇〇万部を超えるベストセラーとなったが、その軽薄な内容から当時の文壇関係者には否定的な評価も多かった。しかし、ナゼか江藤淳が激賞したことから、この後の文芸批評では「江藤はナゼ、田中を評価したのか、その評価軸は」を考察するのがひとつの定番となっている。古くは加藤典洋「アメリカの影」、九〇年代に大塚英志が「サブカルチャー文学論」で論じている。本書もそのリレーを受け継いだつもりだがどうか。

第2章　サブカルチャーを担うもの

1　「喪失」と引き換えの「サブカルチュア」

江藤淳が一九六七年に発表した長編評論「成熟と喪失」を考えるとき、「成熟」や「喪失」といった言葉の定義から、私は迷うことになる。「成熟」は一般に使われるような人間的な成熟、つまり分別のある大人、のような意味と捉えて差し支えなさそうだ。では「喪失」は？「成熟と喪失」の前年、一九六六年に発表されたエッセイの中に、江藤の「喪失」の手がかりとなりそうな箇所がある。

江藤は一九六四年に、二年間の米国プリンストン大学での教員生活を終え帰国する。彼は日本を離れて生活する中で、「故郷」について意識するようになっていた。しかし、実際に帰国した彼を待ち受けていたのはこのような状況であった。

しかし、「故郷」となると、それは石神井の父の家でもなければ市ヶ谷の私のアパートでもありえず、やはり大久保百人町でなければならない。米国で「故郷」を思った私がそこに戻りたいと考えたのは自然である。

しかし昭和四〇年五月のある日、家の跡を探しに行った私は茫然とした。もともと大久保百人町は山手線の新大久保と中央線の大久保駅を中心とする地域である。（中略）私が茫然としたのはその一切が影もかたちもなくなっていたからである。そのかわりに目の前にあらわれたのは温泉マークの連れ込み宿と、色つきの下着を窓に干した女給アパートがぎっしり立ち並んだ猥雑な風景であった。私は目のやり場に困った。番地の標示をたよりに漸く探しあてた家の跡にたどりつくと、私は新しい衝撃を受けた。敷地内に建ったという都営住宅は一軒を残して取り払われていた。更地にしたところに三階建ての家が新築中であり、板囲いのあいだから見るとそれは疑いもなく温泉マークの旅館になるものと思われた。（中略）鹿の子しぼりの風呂敷包みをかかえて長唄のお稽古に通っていた同級生の女の子の家の跡には、「バス・トイレ・テレビ付御休憩二時間××円」という看板のかかった洋風の温泉マークが建っていた。空襲で丸焼けになった場所だから、昔の家がないのに不思議はない。私がショックを受けたのは土地柄が一変し、ある品格をそなえていた住宅地が猥雑な盛り場の延長に変わり果てていたからである。これが私にとっての「戦後」であった。

私はある残酷な昂奮を感じた。やはり私に戻るべき「故郷」などはなかった。（中略）私がほかになにを得たとしても、自分にとってもっとも大切なもののイメイジが砕け散ったと思われる以上、「戦後」は喪失の時代としか思われなかった。

（「戦後と私」『群像』一九六六年一〇月号）

無論、このような変化は東京オリンピックを境に東京の下町のそこかしこで起こった事象であろう。彼はそこで沸き起こる感情が「私情」であると認めている。しかし、この私情を戦後文学が語らなくなったことにこそ、江藤はいらだっている。この喪失感と戦後文学特有の「正義」は江藤のなかで対立する。「私情を語るのははしたない」という戦後文学の倫理と。

文学が「正義」を語りうると錯覚したとき、作家は盲目になった。それがいわゆる「戦後文学」のおかした誤りである。作家は怖れずに私情を語りえなくなった。その上に世界の滅亡について語ることが家庭の崩壊についてかたるより「本質的」だというこっけいな通念が根をはって、ジャーナリズムは「戦後派作家」を甘やかした。（前掲書）

比較的鷹揚な文体で知られる江藤の文章のなかでも際立って戦闘的、告発的な文章である。第一次戦後派に代表される大文字の「正義」が進歩的である、という風潮に我慢ならない、という怒りが伝わってくる。

ポピュラー音楽における喪失者たち

ところで日本のポピュラー音楽史に多少詳しい者なら、この江藤の苛立ちの図式から連想する歌がある。井上陽水「傘がない」（一九七二年）である。

都会では自殺する若者が増えている　今朝来た新聞の片隅に書いていた
だけども問題は今日の雨　傘がない（中略）
テレビでは我が国の将来の問題を　誰かが深刻な顔をしてしゃべってる
だけども問題は今日の雨　傘がない

（作詞・井上陽水）

このあとも、ただ「君に会いに」行くための傘がないことについてのみ歌う。江藤のエッセイが六〇年安保と東京オリンピック、井上陽水が七〇年安保と日本万国博を経たあとで書かれたものであるという違いはあるにしても、共通してここにあるのは、「近代化」「進歩的」とされる言説や風潮への怒りと苛立ちである。陽水の数年先輩にあたるフォークシンガーたち、たとえば岡林信康や高石ともやといった世代が、まさに第一次戦後派のような大文字の正義の歌であったところも似ている。(1)

さらに陽水より一足早く、江藤と同様の故郷喪失体験を創作に転化し、成功したアーティストがいる。はっぴいえんどの松本隆である。一九七一年に発表されたはっぴいえんどのセカンドアルバム「風街ろまん」は、日本のロック史を考えるうえで常に参照される重要作であるが、バンドのドラマーでほとんどの楽曲の作詞を手掛けた松本隆は、この「風街」という架空の街について、折に触れ「東京オリンピック以前に在った、幼年期の下町の風景だ」と語っている。

都市で生まれ育った者たちなら、少なからず抱いているはずの故郷喪失の思いは、いつのまにか風街の像と二重写しになる。
(風街とは失われた街なのだ)
(風街とは風景の塗りつぶされてしまった下絵なのだ)

(松本隆『風のくわるてつと』新潮文庫)

ただし、松本の表現は故郷喪失を告発する、といった苛立ちの口調ではなく、風景画のように記憶をとどめる、といったような諦観がみられる。江藤より一七歳若い、団塊の後のほうのノンポリ世代、といった育ちの違いかもしれない。

巨大な都市の変容という、時のからくりの中に隠し絵として隠された、それらを幻視するとき、馴染まない視線で、見知らぬ土地を旅する空間の放浪者が、過ぎ去った時を旅する時間の放浪者にすり変わるのだ。（中略）実は「はっぴいえんど」と呼ばれるロック・バンドは、「はっぴい」でも「えんど」でもない「はっぴ」「いいえ」「んど」であり、のっぺりとした都市化現象の底を、密かに進む、最も悲劇的な都市仮装民の一群なのだ。（前掲書）

いずれにせよ、「ロック」のようなサブカルチャー表現の黎明期に「故郷喪失」が創作のモチベーションとなっていたことは、注目すべきものがある。

変化の不穏な匂い

はっぴいえんど解散後、松本は職業作詞家となり数々のヒット曲を放ったが、流行歌の世界にあっても、松本の世界とは「都市の変容」を書き留めることにあった。たとえば一九八一年の寺尾聡のヒット曲「ルビーの指環」において、「くもり硝子の向こうは風の街」といったフレーズが登場する。恋人を失った孤独な中年の男の心情が描かれるが、男の来歴や、失った恋人のパーソナリティについてはなにも触れず、ただ「誕生石ならルビーなの」「ベージュのコートを見かけると」といったマテリアルによって辛うじて人物が構築される。このようなとらえどころのない心情の歌が歌謡曲史上に残る大ヒットとなる。

また、前述の田中康夫「なんとなく、クリスタル」に登場する消費社会の申し子のような女子大生も、とらえどころのない、情報で主体を形成したような人物である。こちらも同時期にベストセラーとなった。

江藤が六七年に怒り、いらだった「喪失」の感情とは、現在我々がサブカルチャーと呼んでいるものの前提となる感受性なのだろうか。

江藤は故郷の喪失を嘆き、六〇年安保や第一次戦後派のような大文字の「正義」に怒った翌年、「成熟と喪失―「母」の崩壊―」を発表する。この「母」が、単なる母親という意味で使用されているのではないことは、ここまでの経緯で推測されるだろう。かつてあった、品格を備えた故郷の崩壊、人間の私情を無視した進歩的・近代的言説、そして米国に二年間滞在したことで見えてくるアメリカ文化の流入で変質する日本文学のサブカルチャー化。こういった点をひっくるめて「母の崩壊」と呼んだのだ。

この評論が一九六七年に発表されたのは象徴的だ。なぜならまさにこの時期以降に、江藤が憎んだであろう七〇年安保の季節に突入することになるからだ。ただし同時にアングラフォーク、アングラ演劇、ATG映画、「ガロ」「COM」に代表される新しい感覚の青年漫画が出てくる。「喪失」以降にこれら戦後サブカルチャーの第一世代が生まれているのだ。こういった文化は上の戦争を体験した世代の文化とまったく文化的連続性をもたない世代によって生み落とされた。江藤が「サブカルチュア」と呼んだ熱気――こういった変化の不穏な匂いを江藤は感じ取っていたが、彼はそこに「母」が崩壊する音も同時に聞いたのだった。

無論、松本のような、この崩壊を出発点とする世代もいた。後の時代に生きる者から見ると、この時代とは日本のサブカルチャーの創成期・黎明期のように思えるが、やはりなにかを失って登場したのである。江藤の言う「母」をもう少し探ってみよう。

2 「サブカルチュア」が現出した場所

「サブカルチャー」という語を定義するのは、二〇一四年の状況において決して簡単なことではない。ポップカルチャーの横溢する現代において、「サブカルチャー」から想起する領域は多岐にわたるからである。アニメーション、ゲーム、マンガ、小説、映画、ポップミュージック……。それぞれの領域のなかでも複雑な細分化がなされており、「現代のサブカルチャー論」などという論考は雑駁に過ぎるだろう。

だが現在、「サブカルチャー」という語が使用されるとき、それは「ジャパニメーション」に代表されるような、「日本の」という冠が無意識のうちに付されているように思う。それは先に挙げたさまざまな文化形式の、細分化、先鋭化された場所ほど強く意識されているように思う。

たとえば宮崎駿のアニメーション作品が、たとえ無国籍な異世界を設定していたとしても、観る者はそこに強く日本人性を感じることになる。「風の谷のナウシカ」や「天空の城ラピュタ」を観る時、描かれている人物や風景は日本にあろうはずもない海外の中世のような異世界であるにもかかわらず、それが海外作品だとはまったく感じない。紛れもない日本の文化として受容してしまう。

ポップミュージックにおいても同様で、きゃりーぱみゅぱみゅ(2)のような、伝統的な日本文化とまったく連続性を持たないサウンドやパフォーマンスであっても、「日本発のカルチャー」として海外へ伝播してゆく。

そのような「日本の、サブカルチャー」が生まれた原初的な風景とは、どのようなものだったのだろう。

「喪失」という共通項

先に紹介した江藤淳の「故郷喪失の憤り」のエッセイだが、彼は七〇年代になると、「文学」という故郷をも失われる、と予感し、啓発を始めるようになる。一九七六年に村上龍が「限りなく透明に近いブルー」で芥川賞を受賞したとき、江藤は「文学のサブカルチュア化」と呼び、批判した。その際、「サブカルチュア」をこのように定義している。

「サブカルチュア」というのは、地域・年齢・あるいは個々の移民集団、特定の社会的グループなどの性格を顕著にあらわしている部分的な文化現象のことで、ある社会のトータル・

カルチュア（全体文化）に対して、そう呼ばれている。

（『サンデー毎日』一九七六年七月二五日号）[3]

江藤の村上批判とは、作品に頻出するロックミュージックやヒッピーカルチャー、米軍基地周辺特有のドラッグカルチャーを指してのもので、「部分的なカルチュアは作者の意識のなかで全体の文化とのかかわりあいの上に位置づけられていなければならない」とクギをさす。しかし江藤の「文学のサブカルチュア化」批判は、読みすすめると、江藤自身の文化体験に深く根ざしているとわかる。そしてその批判の刃がやがて自身に突き刺さっていくように見えるのだ。

先に紹介したエッセイ「戦後と私」において江藤は、「自分にとってもっとも大切なもののイメイジが砕け散ったと思われる以上、『戦後』は喪失の時代としか思われなかった」と述べている。確かにその意味で、村上龍の作品は「リュウ」という作者自身がモデルと思われる主人公が、福生の米軍基地周辺を目的もなく享楽的に生きる日々を描いたもので、江藤の言うような「故郷」などはじめから喪失しているような人物である。

また、一九七九年の村上春樹のデビュー作「風の歌を聴け」の主人公となると、そもそも自然主義文学における「故郷」の概念すらなさそうな、平面的でポップな風景を生きる人物として描かれる。その意味では両村上とは、律儀に江藤の考える喪失の時代としての「戦後」を生

きた作家といえるだろう。(4)

そして松本隆の喪失の風景、すなわち「風街」まで含めて考えると、戦後のサブカルチャーとはそもそも「喪失」が前提であり、その喪失した風景になにを置いたか、が問題になっているように思える。そこに「空を翔る路面電車」を置いた松本、デレク・ハートフィールドのような架空の作家や海外文学の意匠を貼り付けた村上春樹。そして故郷喪失の機会すら持たなかった村上龍は、「コインロッカー・ベイビーズ」で旧来的な共同体や社会そのものを破壊するようなイメージを置く。

江藤はそのような戦後的な文学の想像力に否定的であったが、先のエッセイのなかで憤りとともに描いた、喪失を経た戦後の風景とはこのようなものである。

> 鹿の子しぼりの風呂敷包みを抱えて長唄のお稽古に通っていた同級生の女の子の家の跡には「バス・トイレ・テレビ付御休憩二時間××円」という看板のかかった洋風の温泉マークが建っていた。(前掲)

ここに筆者は、江藤自身が「残酷な昂奮」と呼んだような倒錯を感じずにはいられない。

江藤のサブカルチャー的想像力

なぜ、江藤がひっかかったのは、よりによって「長唄のお稽古に通っていた同級生の女の子」でなくてはならなかったのだろう。無論、筆者にも大切な故郷の風景が猥雑な連れ込み宿に変わり果てた落胆は理解できないわけではない。しかし、故郷の風景がいつも、そのような「長唄の女の子」ばかりであったはずはない。たとえば、「優しかった近所のお兄さんが傷痍軍人になって帰ってきた」とか「共産党員の近所のおじさんがある日、特高に連れて行かれ、とうとう帰ってこなかった」といったマイナスの記憶だってあったはずである。

そういった記憶をすっかり消去し、その喪失の空間に無垢な少女を置いて、嘆いてみせる――この一連の動作自体、極めて「日本のサブカルチャー」的な想像ではないか。つまり、少女、という点が曲者なのである。

文脈上、少女である必要などなく、「剣道の道場に通っていた腕白坊主の同級生」でも一向に構わないではないか。だが、江藤の戦後論の場合、少女でないと締まらないのだ。この、「無垢な少女を置くことで輝く、喪失の風景」の手続きは、川端康成「伊豆の踊子」「雪国」、宮崎駿の一連のアニメーション作品などを経て、現在のライトノベルと呼ばれるジャンル小説や、一部のポルノゲーム、アニメーション作品の方法論の源流のように思えてくる。

怒りにまかせて書かれた江藤のエッセイだが、端的に「少女を主人公としたサブカルチャー」の要件を手短に満たした文章になっているところが興味深い。長唄のお稽古に通う、無垢な少女を幻視するその風景に実在するのは、新築のセックスのための施設である。この「故郷喪失」についての文章は、無意識のうちに少女のイノセントの喪失までも織り込まれている。

江藤としては、「そのような性的、倒錯的な意図などない。心外だ」と反論するかもしれない。しかし、その無意識こそが、この数年後の、七〇年代以降のアイドル歌手のような、「少女の成長」そのものを主体としたコンテンツ市場の登場を予見しているかに思えるのだ。

江藤が敵とみなした「文学のサブカルチュア化」とは、彼自身の中にもある無意識の想像力でもあった。だからこそ、「無垢な長唄の少女」が崩壊し、人工化してゆく社会の変容を嘆いた「成熟と喪失」は、戦後文学を嘆きながらも、優れたサブカルチャー評論になっているのである。それでは、その崩壊してゆく様を見直してみよう。

3 「子ども」とサブカルチャーの関係

「鹿の子絞りの風呂敷包みの長唄の女の子」のイメージ。江藤淳の言うところは理解できるが、なにか恣意的な印象が残る。つまり、「純真で無垢な子どもたちの居場所が、近代化だかなんだかの大人の都合で取り上げられてしまった」ということを遠まわしに嘆いているというそぶりに見えるのだ。しかし、そういった「純真無垢な子ども」のステレオタイプなイメージこそ、江藤のこだわる問題（文学のサブカルチャー化）を混乱させているのではないか。

この問題を考えるとき、私は「子ども」という概念から疑ってかかる必要があるように思う。たとえば柄谷行人[5]は「日本近代文学の起源」のなかで、「児童」という存在は自明のものではなく、明治期に社会の近代化とともに発見されたのだ、と指摘している。

児童が客観的に存在していることは誰にとっても自明のようにみえる。しかし、われわれがみているような「児童」はごく近年に発見され形成されたものでしかない。

（柄谷行人『定本・日本近代文学の起源』岩波現代文庫）

そして、そのような近代的な「子ども」観が成立するためには、学制という制度が必須となる。さらにその「子ども」観をプロモーションする機能が必要であり、柄谷によれば、それが文学であったということになる。小川未明をはじめとする児童文学とは、大人（つまり近代社会）によって構築された子どもであって、真の子どもではないのだ。つまり、「子ども」ははじめから子どもだったのではなく、ある時期に社会の変容のなかで「子ども」にされたのである。

近代化過程でつくられた「子ども」

このとき共有された、対置されるべき「大人」観とは、一人前の社会人で、責任能力もあって、様々な権利や義務を持ち、分別もついているとされているが、一方「子ども」は未熟なので、大人によって庇護されなければならないとされる。このような一般的な子ども観は、日本においては柄谷の言うように明治以降のようだが、西欧社会においても一七世紀から一八世紀にかけてようやく共有されたもののようである。

河原和枝「子ども観の近代」には、ヨーロッパ社会においてどのように「子ども」が区別されるようになったか、簡潔にまとめてある。河原によれば、意外と長いあいだ、子どもは大人と区別されていなかったらしい。たとえば、ナバホ・インディアンは子どもを自立したものと考え、部族の行事すべてに参加させていたという。子どもの言葉は大人の意見と同様に重んじられ、交渉ごとにおいても子どもの意見は尊重された。彼らにとっては、このやり方がナバホの文化を学ばせるもっとも効率的な方法であった。

今日の一般的な子ども観、つまり「大人」と「子ども」をある年齢で区切り、子どもを庇護の対象の期間ととらえる習慣は、近代の西欧社会で形成されたものであるという。しかし、それは今日のような「子ども」時代――学校に囲い込み、教育によるモラトリアム期間を過ごす――ではなく、奉公や見習い修行にだされ、あらゆる生活の場で「小さな大人」として扱われ、暮らしていたということである。
本論の最初で述べた、「おふくろさん」をめぐる、森進一と川内康範の見解の相違もここがポイントとなりそうだ。川内にとって、「おふくろさん」の主人公はおそらく、奉公や修行にでた「小さな大人」であって、森が表現するところの「母親に庇護されたモラトリアム時代を過ごした子ども」ではなかったのであろう。
江藤がイメージするような「純真で、無垢な子ども」が誕生したのは一七世紀から一八世紀。河原はフランスの歴史家、フィリップ・アリエスの「子供の誕生――アンシャン・レジーム期の子供と家族生活」を引きながらこう指摘する。子どもが無知で無垢な存在とみなされ、大人と区別され、家庭や学校に隔離されていくプロセスをアリエスは、子どもの描いた絵画や服装、遊び、教会での祈りの言葉、学校のありさまを丹念に記述することによって浮き彫りにしたという。

アリエスらによる近年の社会史の研究は、われわれになじみの深い子ども観も、そして、人が幼児期を過ぎ、自分で自分の身の回りの世話ができるようになってからもすぐに大人にならずに「子ども」期を過ごすというライフコースのありかた自体も、歴史的、社会的な産物であると明らかにした。

(河原和枝『子ども観の近代――「赤い鳥」と「童心」の理想』中公新書)

この、柄谷の指摘した、「社会によって作られた『子ども』観」と、アリエスが明らかにした、「すでに大人の身体を持ち、自分の身の回りの世話もできる年齢に達しても『子ども』期とする社会」、これらが江藤の拘泥する「サブカルチャー化」問題の出発点のように思う。

フェミニストが涙する「母」の喪失

「成熟と喪失」の骨子は、江藤にとって「戦後」とはそのまま、古きよき風景が失われることや、「民主化」の名のもとに山の手の中産階級の文化が崩壊していく悲劇のみならず、古きよき農耕社会に紐付けられた女たちが、産業化、近代化のなかで、自分のなかにある「自然」を失う様を捉えたことにある。つまり、子どもを産み、共同体のなかで育てるという役割を担う前近代に位置づけられていた「母」を自らの手で破壊し、「人工化、情報化された女」に変容していく様を、第三の新人の作品を引きながら指摘したのである。

社会が近代化するなかで、男たちは農村から都市へ移行し、定年までをサラリーマンとして生きる人生モデルを引き受けていったが、女たちはこのような急速な近代化の波の中で適切な居場所を与えられず、「自然」たる「母」を壊すことになる。

近代とは女に否応なく自己嫌悪をせまるものである、と江藤は言う。江藤はこの評論のなかで、主に「第三の新人」の作品、「海辺の光景」「抱擁家族」「沈黙」「星と月は天の穴」「夕べの雲」などをとりあげ、母と子の関係の変容を分析してゆく。全体を貫くのは「近代を受け入れ、社会が『成熟』するためには『母』の崩壊は逃れられない」というメッセージである。「成熟と喪失」の講談社文芸文庫版に、上野千鶴子による解説「『成熟と喪失』から三十年」が収録されている。フェミニズム論者として知られる上野が、その解説の冒頭でこう述べている。

時代の自画像を写しだす、鏡のような作品がある。その自画像のあまりの正確さに、わたしたちはひるみ、目をそむけたい思いにかられる。そのように涙なしに読めない作品があるとしたら、わたしにとって六十年代は江藤淳の「成熟と喪失」、八十年代は三浦雅士の「私という現象」（冬樹社、一九八一年）がそれだった。

「母」の崩壊を余儀なくさせる「近代」の冷たさを、平たく言うと「女に優しくない」近代の正体というものにいち早く気付いた江藤に、上野のようなフェミニストが感激したのは理解できる。しかし、上野が同時代にこれを読んでいたとしたら、二十歳前後の頃だったことになる。この時代の女子大生にとって、前近代的な母が崩壊することはどの程度、悲劇だったのだろうか。そもそも当時の上野にとって、江藤の言う「母」はどれほどのリアリティをもっていたのだろうか？

小倉（千加子）：私は上野さんは、自分のジェンダーを中性化させてるから泣けたと思ってるわけ。自分もまた母のコンセプトを押し付けられる性だという前提が最初から欠落してるのが不思議なんです。母の崩壊というコンセプトがなんで女である上野さんを涙させなきゃならないんですか？

上野（千鶴子）：「母の崩壊」というのがね、男の側から見た「母の崩壊」だったら、ただの極楽とんぼだと思いますよ。だけども、そのなかに、母であることを運命づけられていたはずの女自身の選択が含まれています。「母」をつくるのも、男と女の、いわば共犯的な行為だとしたら、「母」を壊すのも共犯的な行為だから、男が「母」を喪失する時、同時に女は自分の手で「母」を壊してるんです。時子には「母」になりそこねた女のいわば歴史的な中途半端さ、未熟さがあります。それをちゃんと江藤は指摘しています。

（上野千鶴子・小倉千加子・富岡多恵子『男流文学論』ちくま文庫）

おそらく上野はこの時点で、かつてあったはずの「母」という確固たる女の人生モデルが崩壊していく社会状況を感じ取っていたのではないだろうか。つまり将来、自分は「母」になりそこねるのではないかという不安をもっており、見事にそれを文芸評論で言い当てられたわけだ。

しかし、上野の「涙なしに読めない」という感動は、同性の小倉や富岡にはほとんど理解されない。このあとの議論も結局、話が平行線をたどったままで終わってしまう。ここに、先ほどの近代の子ども観をジョイントさせると、彼女らの話のかみ合わなさの理由が透けて見えてくる。

おそらく典型的な団塊世代の上野には見えていたのだ。「母」が崩壊した以上、女はいつまでも「大人」として社会から認証されず、「子ども」を擬態し続けなければならない、と。それは前近代の農耕社会や「家」に紐付けられ、「母」であることを強要される人生より残酷で、孤独な生き様であろうことを上野は見通していた。

際限なく延長される「子ども」期

近代は子どもに「子どもらしさ」を要求し、思春期という複雑な時期を経て、一人前の大人へと成長するもの、と人生を規定した。しかし、いつまでも「大人」の承認が得られず、成長期から逃れられない人生があるとしたら、これは地獄といってよいだろう。社会の近代化が進行するにしたがって「子ども」期は長くなると河原は指摘する。前掲の「子ども観の近代」によれば、「大人が子どもに提示する『子ども』モデルには、成人することを要求すると同時に完全に成人することを拒否するという矛盾が内包されている」とある。

この「子どもが大人になろうと試みていると、大人はさし招くしぐさをしながら、あとずさりする」(ヴァン・デン・ベルク)の状態に、女たちが置かれる運命にあると江藤は六七年に気付いた。先に取り上げた田中康夫「なんとなく、クリスタル」はその予言の一三年後の回答であった。両村上のサブカルチャー文学に否定的であった江藤はなぜか、田中のこの軽薄な文体の、消費社会の到来を体現した小説を支持した。江藤は「後世畏るべしというほかあるまい」と田中作品を絶賛しているが、田中はこのベストセラー小説発表後、江藤が「後世畏るべし」と予言したほどの功績を文学史に残していない。

田中が残したのは、東京の女子大生が主人公の、洋服のブランドや青山や六本木のレストラン、大量の海外の音楽情報が登場する「カタログ小説」「風俗小説」などと揶揄される種類のものだ。この主人公は戦後近代化のとば口、「こんにちは赤ちゃん」の時代に産婆に取り上げられたのではなく、間違いなく戦後にできた医療施設で産まれている。彼女は二一歳になっても現実的な職業的目標もなければ、結婚し、子育てしていくイメージも持っていない。ただ、「オシャレ」に生きている(と、思っている、と田中自身の注釈によって対象化される。この批評的視座もまた、江藤の評価ポイントであった(6))。少なくとも、この小説の主人公は、近代社会のなかで、「子ども期」が無限に延長される状況にあって、そのような人生が地獄だとは考えていない。むしろ、人生をスマートに楽しんでいる、と思いこんでいる。

二〇一三年より、田中は『文藝』誌上でこの小説の続編、「33年後のなんとなく、クリスタル」の連載を開始している。注釈なしで、「ヤスオ」という名の、田中自身と思われる主人公の一人称で描かれるこの新作では、あの女子大生や、キーボード奏者の恋人のその後の顛末が語られる。

このなかで、あの女子大生（吉野由利、と名前が明かされる）はすでに五四歳に達している。新作では、例の恋人、淳一の前に交際していたのが作者の田中自身であったという設定である。友人を介して田中と由利は邂逅する。顔を合わせるのは田中がボランティア活動に励んでいた阪神大震災以来だという。由利の大学卒業後の顛末は、私費留学を経て、化粧品やファッション関係のPRオフィスを立ち上げ、昨年からは外資系製薬会社の広報も担当している、というもの。そして、相変わらずの独身だという。

おそらく江藤が今も健在で、「こそばゆい、というよりも、ありゃま、という感じだった」「再度、ありゃりゃだ。知らなかった。嬉しいような、気恥ずかしいような感覚」といった、およそ純文学系文芸誌に掲載される小説とは思えない、軽薄で散文的な表現の目立つこの作品を読んだとしても、氏の期待を裏切ることにはならなかっただろう。なにしろ一昔前のトレンディドラマのような「オシャレ」な人生なのだ。そして彼女が五四歳で未だ独身という事実が江藤にして、わが意を得たり、というところだろう。

彼女はまさに「子ども」時代が無限に延長された近代社会を軽々と生きた。この登場人物たちは現代のイケてるビジネスパーソンらしく、やはりフェイスブックを通じて連絡を取り合う。そして飯倉片町の小ぢんまりとしたビストロで再会を祝う。そして相も変わらず、ワインや料理についてウンチクを傾けあうのだ。ちなみに筆者は今、これをカロリーメイトをつまみながら書いている。

それなりに波乱万丈な三三年を送ってきたはずなのに、人間的深みというものがまったく感じられない作品であるのは、ある意味では田中の一貫した作家的態度といえるかもしれない。無論、まだ連載途中なので今後、由利が人生に苦悩する展開があるかもしれない。いずれにせよ、江藤の指摘した、「母」の崩壊と、「子ども」期の延長による、モラトリアム期間は五〇代まで延長するに至っている。

しかし、サブカルチャーの発生する余地は、この「子ども」期の延長によって本来の社会から期待される人生モデルに介入しないまま、いつまでもヒマをつぶしている状態、という土壌なしに生まれ得ないものだ。

ところで「結婚し、子育てをする由利」という人生は現代の日本社会においてありえなかったのだろうか。つまり、「上野の涙」は正しかったのか。そこを検証しよう。

（注）

（1）奇妙なことに江藤は井上が「傘がない」を発表する前年に、まるで「傘がない」のようなエッセイを残している。もとより犬が死んだことと「戦後」とのあいだには、なんの因果関係もありはしない。しかし大学が封鎖され、学生の暴動がつづいていたあのころ、フランスに留学中の若い友人から時勢を憂うる手紙をもらった際に、私はこういう返事を出した。あんなくだらないことを気にかけるのはおよしなさい。なぜなら流行している議論はすべてインチキであり、騒然として見えるものはすべて仮象だからだ。それよりも私は、飼っていた犬が死んでしまったのが悲しくてならない。……するとまた手紙が来て、その友人は書いていた。あなたのような人にとっては、確かに学生の暴力騒ぎなどより犬の死のほうが大事件でしょう。その気持ちはわかるように思う。（『群像』昭和四六年一〇月号「場所と私」）

（2）きゃりーぱみゅぱみゅ（一九九三〜）ファッションモデル、歌手。日本の「カワイイ」文化の代表的存在。二〇一一年、中田ヤスタカプロデュースによるメジャーデビューシングル「PONPONPON」は世界二三カ国で配信され、フィンランドやスウェーデンなど、日本人と文化的メンタリティが近いといわれている北欧で人気に火がつく。その後、主にYouTubeをはじめとするインターネット動画サイトを通じて世界的に存在を知られることとなる。二〇一三年には八カ国を巡るワールドツアーを成功させている。

（3）『サンデー毎日』一九七六年七月二五日号「村上龍・芥川賞受賞のナンセンス―サブカルチュアの反映には文学的感銘はない」という長文の談話は、このようなものであった。

「サブカルチュア」というのは、地域・年齢・あるいは個々の移民集団、特定の社会的グループなどの性格を顕著にあらわしている部分的な文化現象で、ある社会のトータル・カルチュア（全体文化）に対して、そう呼ばれている。つまり、あの作品には年齢的には若者、地域的には在日米軍基地周辺、人種的には黄白黒混合の、一つのサブカルチュアの反映だと、私は考えている。ところで、文学作品は、ある文化の単なる反映ではなくて、少なくともその表現になっていなければならない。サブカルチュアを素材にした小説があっても、いっこうにかまわないが、そこに描かれている部分的なカルチュアは、作者の意識のなかで全体の文化とのかかわりあいの上に位置づけられていなければならない。そうでなければ、その作品は表現にはならない。つまり、サブカルチュアを素材にした文学作品が表現になるためには、作者の意識は一点で、そのサブカルチュアを越えていなければならない。その中に埋没していたのでは、ただの反映にしかならないのだ。

(4) 村上龍のデビュー作について、江藤は厳しく批判したが、村上春樹については読みさえしていなかったようである。その理由について、吉本隆明との最後の対談となった、一九八八年『文藝』冬季号(一一月号)においてこう述べている。

村上春樹さんの「ノルウェイの森」というのは、二百何十万部だかでていて、大変評判になっていると聞きます。この小説は拝見していないのですけれども、しかしこれもまたサブ・カルチャーであるということについては、私は譲る気持ちはないんですね。

文学作品が、カルチャー一般を代表しなくなり、サブ・カルチャー化したのは村上龍君の登場あたりからかと思います。つまりサブ・カルチャーの量的な享受者の数が増えたということはあるかもしれないが、それは決して全体を代表するカルチャーになっていないのではないかという気持ちがしていましてね。そこが違うんですな。

(5) 柄谷行人(一九四一〜) 思想家、文芸評論家。一九六九年、「意識と自然」で群像新人賞を受賞し文芸評論家としてキャリアをスタートする。六〇年安保の学生時分には全学連を牽引していたブント(共産主義者同盟)の闘士であった。「日本近代文学の起源」を貫くコンセプトとは、「古くからあると思われているものは、実は近代になってから作られた、発見されたものだ」というもので、この論理は広く受け入れられ、後の「カルスタ(カルチュラル・スタディーズ)」に受け継がれていった。「外国文化ではなく日本文化に目を向ける」「昔からあると思われているものは最近できたものだ」この評論の持つ二つのテーマを引き継いだ最近のものでは演歌について考察した輪島裕介『創られた「日本の心」神話』が成功している。

(6) 江藤はこの「NOTES」と名づけられた、文藝賞受賞時には二七四個、現行の改訂版においては四四二個にも増殖した脚注を当時高く評価していた。

この小説に付けられた274個の注は、「なんとなく」と「クリスタル」とのあいだに、「、」を入れたのと同じ作者の批評精神のあらわれで、小説の世界を世代的、地域的サブ・カルチュアの域に堕せしめないための工夫である。(「三作を同時に推す」昭和五五年度文藝賞選評)

第3章 「前近代」の終焉

1 「アイドル」という「児童」

筆者の専門領域とする、日本の「若者向けのポピュラー音楽」業界、一般にJポップと呼ばれるポップミュージックの領域であるが、ここ数年は「アイドルブーム」の時代と言われている。

このブームの牽引役といわれるAKB48は、CD不況と言われる昨今において、たとえば四曲同時トップ10入りを果たし、それが三週間続く（二〇一一年）、あるいはこの年以降、発表するシングル曲はすべてミリオン（一〇〇万枚）を超えるセールスを達成するといった記録を持つ。その生え抜きのメンバーの引退公演（これはグループからの引退であり、芸能界からの引退ではない）がNHKの七時のニュースで五分にわたって報道され、またファン投票によってグループ内の順位を決する「総選挙」がテレビのゴールデンタイムで生放送されるといった、名実ともに「国民的アイドルグループ」と呼ばれる存在である。年配の読者でも、最近の紅白歌合戦に必ず出場する制服姿の女の子の集団、といえば見覚えがあるだろう。

また、ＡＫＢ48やももいろクローバーＺのような、すでに充分な知名度のあるグループ以外に、「地下アイドル」「ライブアイドル」「ご当地アイドル」と呼ばれる数十人から数百人程度の熱心なファンに支えられるインディーズグループも各所で盛り上がっており、そうしたグループの総数などは把握するのが困難なほどだ。

しかし、雑誌メディアなどでこれらアイドルの特集が組まれたりするたびに必ず投げかけられる言葉に、「アイドルのどこがいいのか」あるいは「ＣＤの複数買いのような馬鹿げた行為を煽るような特集はいかがなものか」といった批判がある。また、「どう見ても、かつての八〇年代のアイドルと比べて無個性に見える少女たちのどこに魅力があるのか」といった年配者の疑問も投げかけられる。そしてそういった疑問は筆者自身の疑問でもあった。

現代のアイドルの魅力とはなにか？

たとえばＡＫＢ48に熱狂するファン（ヲタと呼ばれる）たちに対してよく使われる言説に、「彼らはモテないオタクであり、女性とほとんどまともに接したことのない人々である。彼らはアイドルを通して擬似恋愛を楽しんでいるのだ」といったものがある。しかし、これがもはや的確な批判ではないこともよく知られている。

岡田康宏『アイドルのいる暮らし』（ポット出版）は、アイドル本人ではなく、いわゆる「アイドルヲタ」と呼ばれる熱狂的なファンにインタビューを試みたものだ。一体彼らが何を思って、たとえば世間的にはほとんど知名度のないような地下アイドルの地方公演までを給料のほとんどを使って追いかけるのか。この本には一〇名の「アイドルヲタ」が登場する。

彼らがみな、「ヒマをもてあました学生で、モテないオタク少年」かといえば、まったく違う。この本にはそのようなステレオタイプなアイドルヲタは一人も登場しない。年齢は二〇代から五〇代まで。既婚者が四人、離婚経験者が一人、子どもを持つ人も二人いる。応援するアイドルも違えば、ヲタとしてのスタンスもバラバラな一〇人だが、通読してみて全員に共通しているると感じるのは、一時的な熱狂、つまり若者がはしかに罹るようにヲタ活動をしているというより、ヲタ活動が生活の一部になっている人々だということだ。

かつての八〇年代アイドルと現代のグループアイドルとの決定的な違いは、「卒業システム」にあるといえる。現代のグループはオリジナルメンバーが進学などの理由でグループを引退することも少なくない。グループによってはオリジナルメンバーのほとんどが卒業してしまい、原型をとどめていない場合もある。

ところがこの本に登場するヲタたちは、そのような卒業システムに対しても寛容である。その理由として、「今しかないと思えるから」、または「現場というものはいつなくなるかわからないものだから」(したがって、つまらない現場にも意味はある)と言う。誰もがアイドルの存在を限定的な時間軸で考えているようだ。しかし同時に、グループの存在は永続的に考えているふしもある。

つまり、アイドル本人という実存は、いつか若さを失ったり、なにかのきっかけでアイドル活動を辞める。従来ならそこでヲタ自身も成長し、ヲタ活動から足を洗ったりするものだが、現代の卒業システムはアイドル本人が若さを失っても、アイドルとの出会いや恋愛にも似た気分の高揚といったものは何度でも反復できるもの、として機能している。

元AKB48メンバー前田敦子のあまりに有名な言葉、「私のことは嫌いでもAKBのことは嫌いにならないでください」とは、「私という実存が年を重ね、アイドルというイメージから遠く離れても、AKB48というグループは永続していてほしい」と、まるで長嶋の引退フレーズのような文脈と読みかえることができる。文学における構造主義のようなありようを孕んでしまっているところに前田のここ一番のパワーの不思議な魅力がこの言葉から垣間見られる。(1)

「この子と出会ってときめいた、全力で応援するぞ！　何度もイベントに参加するうち、顔を覚えられた」「自分はあの子に知られているのだから、なんでも頑張ろう」という心理（この心理については濱野智史『前田敦子はキリストを超えた』（筑摩新書）の中で、経験的に語られている）。そして、そのメンバー自身が目標や夢（大学進学とかネイルアーティストになるとか声優になるとか）のためにグループの引退が発表されるとき、「自分もあの子に夢をもらった、素晴らしい青春の思い出をありがとう」といった、青春の一ページの人生経験をヲタは得ることになる。現行の卒業システムは、このような人生経験を何度でも繰り返せるように機能しているのだ。

反復する人生

アイドルだけではない。近年のライトノベルやゲームにおいては、「人生は一回性のドラマである」という、自然主義文学における前提が通じなくなっている。東浩紀は『ゲーム的リアリズムの誕生〜動物化するポストモダン2』(講談社現代新書)のなかで、「ひぐらしのなく頃に」に代表される近年の物語構造とは、何度も人生を生きなおす反復のなかにリアリティを見出す手法を特徴としている、と指摘し、この「ゲームをリプレイする」ように反復する物語のもつリアリティについて分析を試みている(2)。

これは先の、近代社会における子ども期を考えると必然的に生み出されたシステムであり、現代的な消費のあり方である。つまり、「若さ」というものがいついつまでを期限とする、といったような前近代的人生モデルの通念は、終焉した。現代の日本のような高度に近代化が達成された社会では、「子どもが大人になろうと試みていると、大人はさし招くしぐさをしながら、あとずさりする」(ヴァン・デン・ベルク)の、「あとずさり」が無限に続いてゆく。ここに現代の「若さ」の難しさがある。

太田省一は『アイドル進化論』(筑摩書房)のなかで、鷲田清一の学生アンケートを引きながら、現代の「若さ」について考える。鷲田は大学や大学院に通う学生たちに「あなたは大人ですか、子どもですか」と問う。するとほとんどの学生が「子どもです」と答えたという。さらに高校生に対して「あなたはまだ若いか」と問うと「もう若くない」と答えた者が大半だったというのだ。つまり、現代において一〇代後半から二〇代前半の若者たちは「もう若くない子ども」だったのだ。

こうした状況の背景には、鷲田も言うように、近代社会における学校が、大人でも子どもでもないような時間をひたすら設けてきたということがあるだろう。産業構造が大きく変わり、社会の仕組みが複雑化するのにともない、学習時間も増やされていったのである。就職してからも、学習の時間は終わらない。（中略）こうして、「ひとは、いつも途上にある者として、生涯自分をまるで通過儀礼中の存在であるかのように感じるという、奇妙な社会」ができあがる。こうしてみると、近代社会とは「若く」あり続けるよう、万人が義務づけられた社会なのである。

（太田省一『アイドル進化論　南沙織から初音ミク、ＡＫＢ48まで』筑摩書房）

そう考えると、現代のアイドル文化とは、「学校化した社会」のなかで擬似恋愛というより高橋留美子の学園アニメ(3)のような、青春の楽しさを消費するための装置として機能しているように思える。太田はこの本の最終章で「社会が、学校化し、若さが『義務』となるような状況のなかで、アイドルとは『若さ』を権利として再発見させてくれる存在」として機能していると指摘する。前掲『アイドルのいる暮らし』の中でも、四〇代のハロヲタ（モーニング娘。を輩出した現代アイドルの名門レーベル、ハロープロジェクト専門ヲタ）が登場するが、「現場は自分を解放できる場所」と断言する。彼にとってアイドルの現場は「ライブが中心」であり、握手すら不要という。(4)

よく、「踊って叫んで、普段の自分を解放したいのなら、アイドルでなくともロックバンドやダンスミュージックでも構わないではないか（つまり、本当は擬似恋愛が目的なのだろう）」というアイドルヲタ批判を見かけるが、おそらくロックやダンスミュージックはこの、「学校化社会の中で、『若さ』を権利として受け入れてくれる、学校的楽しさを味わえる」という欲望に、うまくコミットできていないのだろう。太田はこの本を、いつまでも若さを強いる社会は奇妙なものの、いつまでも幼くあること、未熟であることを許される社会とは、逆説的に成熟した社会といえるのではないか、と肯定的に締めくくっている。

しかし、そこにこそ江藤淳や上野千鶴子が危惧した構造がある。つまり問題は、消費するヲタの側は、まるで文化祭の前日を何度も繰り返す学園アニメのように推しメンを変えながら青春の一ページを何度も生きなおすだろうが、当のアイドルは年をとり、身体的にも成熟してゆく生身の実存的存在であるという点だ。ここには必ず齟齬が生じる。ヲタは（グループのメンバーとしての）アイドルが死なない身体を持っている、という前提でヲタ活動に励むことになるが、実際のアイドルは、場合によっては肉体ごと滅ぶ、死ぬこともある人生を生きているのだ。

このとき、反復する人生を生きるヲタに囲まれた中心にいるアイドルだけは一回性の人生を生きる、という皮肉な状況のなかで、アイドルの苦悩が生まれることになる。「成熟と喪失」の作者、江藤淳がもし今も健在であれば、この状況を指摘したはずである。

2 「全存在をかけたパフォーマンス」が女性アイドルである意味

アイドルの側は一回性の人生を生きる生身の人間であるのに対して、ヲタの側は「若さが無限に延長された社会」を生きる者として、繰り返し青春を生きる。そこに私はひっかかる。果たしてこれは健全なコミュニケーションなのか。たとえばＡＫＢ48ヲタを自認する批評家の宇野常寛は、ＡＫＢ48と従来のアイドルとの違いをこう説明する。

考えてみれば、ＡＫＢ48の表現は常に彼我が一体化している。総選挙も握手会も、すべてファンがアイドルと一緒にＡＫＢ48というゲームを攻略する運動なのだ。メディアの向こう側から与えられたものをただ受け取るのではなく、僕たちが参加し、発信することで運動を作り上げていく。それが従来のアイドルとＡＫＢ48との違いだ。僕たちの一票が、選択が、参加があってはじめて表現が成立する。
（宇野常寛『原子爆弾とジョーカーなき世界』メディアファクトリー）

しかし、この共同作業が幸福なコミュニケーションであるためには、AKB48の到達点、この運動の準拠枠が示されていなくてはならない。準拠枠なきまま運動が開始されれば、それはやがて暴走をはじめ、制御できなくなることは目に見えている。

たとえば彼女らの二〇一一年の一年間をドキュメントした映画『Documentary of AKB48 Show must go on 少女たちは傷つきながら、夢を見る』のなかでは、西武ドーム公演において運営側の杜撰なスケジュール管理や、それにともなうリハーサル不足によって主要メンバーが次々と過呼吸や脱水症状で倒れるシーンが映し出される。このような現場の混乱は会場の観客にも伝わっていたようだ（現在でもツイッターの過去ログなどで確認できる）。混乱のなか、過呼吸でとてもステージに上がれる状態でない主要メンバーの前田敦子は、スタッフの反対を押し切って自身がメインヴォーカルを務める曲のイントロで颯爽とステージに登場し、見事に歌いきる。会場の観客も、映画を観ている私も思わず感動してしまう、この映画のなかでももっとも有名なシーンの一つだ。

しかし、この感動はなにか倒錯してはいないだろうか。つまり、我々は杜撰な管理体制やハプニングといった逆境を乗り越えて見事、パフォーマンスを成し遂げた前田に感動した。では、入念なリハーサルと完璧な運営のバックアップのなかで彼女らがスムーズに公演を終えていたなら、この感動はなかったのか。おそらくそのような公演の模様はＡＫＢのドキュメンタリーとしては使い物にならなかっただろう。

この、「世間的には未熟とされている者が逆境を乗り越えて、一人前と認められる」ストーリーの感動の質をまず、疑ってかかるべきではないだろうか。

「ＡＫＢ的感動」の背景にあるもの

これがオペラや歌舞伎のような、成熟し完成されたパフォーマンスが期待される芸事においては逆になる。ハプニング映像など決して商業作品として世に出ることはないだろう。かといって私は、芸能としての正統性を問題にしているわけではない。アイドルのもたらす感動の質という点において、どうしても引っかからざるを得ないのである。

まず、この「ＡＫＢ的な感動」が生じる前提として、彼女らが未熟であることが担保とされていることが問題である。この「未熟な主人公が初め困難な状況に置かれ、のちにそれを克服する」というストーリー自体は、古くはシェイクスピア「真夏の夜の夢」などにも描かれたような古典的なナラティブ・ストラクチャー（物語構造）である。「Show must go on」は、この、古典的な感動セオリーに則って編集されている。結果、どのシーンも少女たちは混乱でパニクっているか、感動で泣きじゃくっているかで、個々のパーソナリティというものがほとんど伝わってこない作品となっている。
この映画は歌手のグループを主人公とした作品だが、歌唱シーンはほとんど登場しない。代わりに舞台裏でのトラブルであるとか、（このグループの節目となる公演では定番の）サプライズの発表シーンやインタビューなど、彼女たちのパフォーマンスより内面の変化を追う構成になっている。つまり、歌手としての音楽性、パフォーマンス性など二の次という方針なのである。

無論、製作者がこの「ＡＫＢ的感動」に意義を見出す気持ちは理解できる。未熟ではあるが、困難や逆境に出会ったとき、その全人格、全存在をかけて立ち向かう姿そのものが価値あるパフォーマンスなのだ、という考え方。これは、日本の音楽ジャーナリズムにおいては七〇年代以降に勃興したロックジャーナリズムの思想を援用したものと考えられる。ルーティン・ワークではない、一回性のパフォーマンスにこそ価値があるという。

私は決して、「ＡＫＢの子たちがかわいそう。もうちょっと手厚く面倒みてやれ」と主張しているのではない。むしろ、青春の一時期に精神や肉体を酷使する時期があるのはどこの世界でも同じだし、ユーザーの気まぐれな消費に対してパフォーマンスする側が一回性の人生を生きている、というのも「興行とは本来そういうものだ」という説明で一蹴されてしまう話かもしれない。

だが、この「ＡＫＢ的感動」を含む、現代のアイドルを取り巻く問題には、戦後の日本の女性をめぐる困難の一側面が垣間見える。ＡＫＢが男性のアイドルグループや、男性の若手お笑いグループなどであったならなにも問題はない。本書が問題とする最大のポイントは、彼女たちがよりによって女性であるという点にあるのだ。

3　一九八五という戦後の転換点

（自然主義文学のような一回性の人生を生きる）アイドルは死ぬ。（ゲーム的リアリズムの人生を生きる）ヲタは死なない――この関係を考えるとき、アイドル絶頂期に衝撃的な自殺でこの世を去った、岡田有希子について考えないわけにはいかない。

岡田有希子は一九六七年生まれのアイドル歌手。一九八四年、一六歳でアイドル歌手としてデビューする。同年、日本レコード大賞最優秀新人賞をはじめ、当時の新人賞を総ナメにした。しかし、人気絶頂期の一九八六年、自宅マンションでリストカットを行い、ガス自殺を図ったところを管理人に保護される。その後、所属事務所サンミュージックの入居しているビルの屋上から飛び降り、即死した。一八歳であった。

この自殺の原因については現在でも不明な点が多く、憶測が飛び交い、真相は未だ判然としない。また、本書はその真相の解明を目的としない。むしろ、彼女の生が、アイドル人生がどのようなものだったかを改めて考えることは意義があるという立場だ。

岡田有希子は死の直前、二つの文書を書き残している。そのひとつ目、死の約二ヶ月前、彼女は日記にこのような文章を書き残している。

「2月15日　ルンルン♪　明日からはハワイ！／うれしいな♥　生まれて初めてのハワイだぞ〜〜。But、CFってどんな風にするのかなァ。／楽しみだけど、すごく不安。／DokiDokiあ〜〜ん。困っちゃうナ。」
「2月16日　わ〜い。とうとう憧れのハワイに来た。／やっぱり素的（原文ママ）なところだナ……／真っ青な、空と海……　寒い寒いって、ちぢこまってた昨日が、うそみたい！／But、せっかく、まっくろに日焼けして帰ろうと思ったのに。〝外出禁止令〟なんて、う〜ん、ショック。／まァ、仕事だから仕方ないか。」

（山崎哲・芹沢俊介『子どもの犯罪と死』春秋社）

いかにもアイドル的な、はじめてのハワイに胸をときめかせる少女らしい可愛らしい文体である。山崎哲はこのような文章を「文章もそうだけれど、気分がいかにも少女マンガ的」と評する。今これを読めば、二ヵ月後の悲劇をどうしても想像してしまい、気分が滅入ってしまう。つまり、このような少女らしい明るさのなかにも死は忍び寄るのだ、と。

アイドルの遺書

しかし、実際にはどうだったのか。読み方を変えれば「岡田有希子」というパブリックイメージと外部の視線を過剰に意識した、防御の強い文章とも言える。ちょうど、AKBのメンバーたちがGoogle＋やツイッターなどのSNSにおいて、「誰某のお菓子の袋の開け方がヘン」だの「誰某の私服のセンスがヒドイ」といった、他愛のない記述ばかりを残し、自分語りを行ったり、悩みを打ち明ける、といったことがまったくないことによく似ている。

岡田のこれらの日記は、当時の言葉でいうところの変体少女文字（丸文字）で書かれていた。そして、一八歳の人気アイドル歌手がこのような天然キャラを演じた日記を丸文字で書いていたことは、周囲に安心感を与えるものであったはずだ。つまり、男性社会であるところのアイドル業界において、「期待されるアイドル像」を彼女は見事に演じきっていた。

そして、もうひとつの文書は、最初の自宅マンションでの自殺未遂のときに書かれた遺書だ。この遺書には、当時交際していた男性タレントに冷たくされたといった記述がある、と当時報道され、今でも一般には、岡田の自殺は恋愛の悩みが原因というのが定説だ。しかし実際にはこの遺書は報道関係者には公開されず、今も所属事務所の金庫に保管されており、遺族とごく親しい関係者以外は中身を見ていない。したがって、この遺書をめぐる言説の多くは憶測の域を出ないものと考えるべきだ。

そして二〇〇九年、彼女の死から二三年を経て報じられた、あるネットのニュースサイトの記述に私は注目したのだった。

岡田有希子さんの遺書を知る芸能関係者から話を聞くことができた。
「確か、当時の報道では『交際していた男性に冷たくされた』とか書いてあるような報道があったが、遺書自体にはまったく自殺の理由について書いてあることはなかったようです。ただ『鳥になる』とか『飛ぶ』とかそんなことが書いてあったと聞きました。文字は非常にきれいで取り乱したような文字ではなかったそうです」
関係者によれば遺書は、遺族など誰かに向けて書かれた感じではなく詩のようにつながりのわからないフレーズが延々と続いていたという。

（THE REAL LIVE WEB「芸能界事件簿　故・岡田有希子さん（2）」二〇〇九年六月二日 http://npn.co.jp/article/detail/54960558/）

この記事自体、「芸能関係者」という匿名の人物の談話から成っているもので、やはり憶測の域を出るものではないが、二つの点で私は注目した。
ひとつは「ルンルン♪」といった、アイドル的、少女的な文体ではなく、また自殺をほのめかすような内容ですらなく、詩のような文章の羅列であったという点。そしてもうひとつは、そのピンクの便箋に書かれたという遺書は「非常にきれいで取り乱したような文字ではなかった」点である。

「前近代の女」であり「近代の女」でもあった岡田有希子

この談話が本当なら、岡田は死の直前、まったく人格の違う二つの文書を残していたことになる。このこと自体はとくに驚くべきことではない。一〇代の少女なら友達との交換日記の文体と、国語の授業の作文では文体を使い分ける、といったことは普通に誰でも行うことだからだ。

問題は、彼女が自死の直前、事務所関係者に対し、「この遺書が公になったら恥ずかしくて芸能界で生きていけない」と語った、その自意識である。その数分後、彼女は「ティッシュを取ってくる」と言い残し、事務所の部屋を出たまま、帰らぬ人となった。前者の「ルンルン♪」の日記は公開されてもなんら自意識を傷つけるものではなかったが、後者の遺書は死に値するほどの恥ずかしさをともなうものであった。

無論、男性の論理で動くアイドル業界において、「鳥になりたい」のような抽象的な詩の羅列はまったく彼女に求められていなかったものだ。このとき彼女は一八歳。学校と芸能界しか知らない、狭い世界で生きていた少女である。「かわいい天然キャラ」ではない自我が他者に知られてしまったとして、そのあとの人生を彼女は想像することができなかったのかもしれない。

断片的ではあるが、この遺書には近代的自我の表出が見られる。

しかし、実際にはこの遺書は公開されず、どういった大人の事情が絡んだのかはわからないが、「恋愛のもつれ」といういかにも男性社会らしい論理で、この事件は解決とされた。

今、アイドルをめぐる問題を考えるとき、この岡田の二つの文書をめぐる自意識は、この後に続く女性歌手の精神史における転換点であったように思える。

彼女は男性社会で求められる「かわいい少女」を、仕事として見事に演じきっていた。かたや、男性社会ではまったく求められない「近代的自我」が彼女のなかで発露しかけていた。おそらく未だ一八歳の思春期のなかにいた彼女にとって、「ルンルン♪」より「鳥になりたい」の人間観のほうにリアリティを見ていたに違いない。

しかし、彼女の生きる世界では「鳥になりたい」はまったく必要とされていないことも、彼女なりに理解していた。彼女は「ルンルン♪」と「鳥になりたい」のあいだで引き裂かれていたのである。「鳥になりたい」自分とは、アイドル業界やファンを裏切っている行為であり罪悪であると考えていたのではないだろうか。

ところが、アイドル含む女性主体のポップカルチャーはこの一九八五年、一九八六年あたりを境に、大きく「鳥になりたい」の近代的自我の方向に舵を切ることになる。そして、この方向は少なくない金を引っ張ってくる巨大ビジネスの金脈でもあった。ここでは便宜上、「ルンルン♪」のような男性社会の論理に忠実な自我を「前近代の女」、「鳥になりたい」のような男性社会の論理から距離を置き、主体的に思考する自我を「近代の女」と呼びたい。

岡田の死の前年の一九八五年に「前近代の女」の集大成とでも言うべき、アイドル史に屹立する巨大グループが登場する。おニャン子クラブである。そして、同年におニャン子クラブとほぼ同世代の女性ロックヴォーカリストもデビューする。渡辺美里である。彼女はまさに近代を生きる女として登場した。

現代のアイドルと現代女性の困難の源流にこの両者がいる。(5)

4　四月になれば彼女は

ところでこの、一九八五年とはどのような年だったのか。

先に、田中康夫の一九八〇年の小説「なんとなく、クリスタル」に、未来の少子高齢化社会を示唆するデータが付記されていたことについて触れた。このデータは「出生率の低下は、今後もしばらく続くが、八〇年代は上昇基調に転ずる可能性もある」といった記述に見られるように、当時の政府の見通しは極めて楽観的なものだったことを今に伝えるが、一九八五年の経済白書は今読んでも現実的な、現状の日本社会をそれなりに暗示するような重厚な内容である。「新しい成長とその課題」という副題のつけられたその白書は、全体の三分の一を使って「人口の高齢化と経済活力」というテーマに費やされている。

まず、二〇〇〇年には高齢化率（六五歳以上人口）が一六％に上昇すると予測している。田中小説付記の一九七九年の予測では一四・三％だったことを思えば進歩している。ちなみに実際には一七・三％であった。さらに高齢化にともなって公的年金や医療保険の給付が増大すると予想している。この一九八五年の白書は、年金、医療保険の問題を初めて取り上げた。

このあと、年金の受給年齢の引き上げや、二〇〇〇年代を通じて議論された現在の後期高齢者医療制度の問題、そして二〇一二年の「社会保障と税の一体改革」の三党合意に至る社会保障問題といった社会保障をめぐる議論の出発点とこの白書は位置づけられる。

無論、この白書は九〇年代以降、四半世紀にわたって日本経済を苦しめることになるバブル崩壊以降の構造不況についてはまったく予測していない。したがって現在の少子化については楽観的なもので、団塊ジュニアが出産年齢に達すれば出生率は回復に向かうとある。

このように一九八五年とは、高齢化社会の到来をウスウス感じながらも、経済成長は今後とも続き、あとは団塊ジュニア世代がなんとか調整してくれるハズ、という幻想がまだ信じられた幸福な時代だったのだ。

相反する思想を背景にした二つの法律

それでは本書にとって気になる、女性をめぐる問題系はどのような状況だったのだろう。

まず、雇用の面では、女子差別撤廃条約批准のため、この年に男女雇用機会均等法が成立し、翌一九八六年四月一日に施行された。概要としては女性労働者の就業に関して妊娠中及び出産後の健康の確保を図るなどの措置を推進するとしている、日本国憲法の理念に則った、近代社会らしい法律である。

同時に一九八五年四月には国民年金法の改正も成立した。いわゆる「新法」と呼ばれる現行の年金法のことで、翌年四月一日に施行された。この新法の概略は、これまでの「旧法」では自営業者・フリーランスは国民年金、サラリーマンは厚生年金と縦割りの制度体系であったものが、一般に「二階建て」と呼ばれる老齢年金に統合された点が特徴である。

同時に、それまで公的年金の蚊帳の外であった「サラリーマンの妻」にも加入が義務付けられた。保険料を納付しなくても国民年金を納付したものとみなす「国民年金三号被保険者」という、のちに「主婦年金問題」の議論を誘発することになる制度もスタートしている。ちなみにこれ以前の専業主婦の年金は任意加入であり、多くのサラリーマンの妻は加入していなかった。ともあれこの八六年スタートの新法こそが、現在の年金論議の源流である。

ここで一九八五年の政治と経済の面から当時の女性を取り巻く状況を考えてみたい。三号被保険者の条件とは、「サラリーマンに扶養されている、年収一三〇万円未満の配偶者」のことである。つまり、嫁に入った女は自立など考えず、家を守っていればよい、という前近代的な思想を背景にしており、ちょうどこの一九八六年の流行語、「亭主元気で留守がいい」の思想を後押しする制度であった。

翻って、雇用機会均等法は男女同権を謳っている。つまり、女性の生き方とはこの「三号」の前近代と「均等法」の近代のあいだで引き裂かれることになるのだ。

そしてこの二つの法律は一九八六年四月に施行されたのだが、奇妙なことに「ルンルン♪」のかわいい少女と、「鳥になりたい」と近代を夢見る自立した女性とのあいだで引き裂かれた岡田有希子が自死したのが、この四月なのである。

5　おニャン子と専業主婦

この八〇年代前半の女性を取り巻く前近代的な思想については、前掲の「なんとなく、クリスタル」やおニャン子クラブのブームなどからうかがい知れるが、もうひとつ、忘れてはならないテレビドラマが「金曜日の妻たちへ」だ。「金妻」である。

「金妻」はTBS系列で金曜日の夜一〇時から放映されたテレビドラマで、一般には東京近郊の新興住宅地に住む核家族間の不倫を描いたドラマとして知られる。登場する夫婦は団塊世代の比較的富裕層のサラリーマン家庭である。「金妻」は大ヒットとなり、八三年、八四年、八五年と第三シリーズまで続編が作られた。

「金妻」人気とは、不倫という人間ドラマもさることながら、この時代の郊外の住宅地のオシャレなライフスタイル、つまり洒落たダイニングやパティオなどの「情報」も含めて消費された。その構図は「なんとなく、クリスタル」に近い。特に一九八五年に放映された第三シリーズはもっとも人気が高く、通常「金妻ブーム」とはこの八五年版を指して呼ばれる。吉崎達彦『1985年』(新潮新書)によれば、団塊世代の不安や不満を上手に汲み取ったのがヒットの理由、と分析している。

一九八五年とは、三〇代に差しかかった団塊の世代が、不安と焦燥に駆られはじめた時期であった。(中略)つまり、「団塊世代女性は二五歳までに結婚して、子供を産んで仕事を辞めて、専業主婦になるというライフコースをもっとも忠実に歩んだ世代だったのだ」(三浦展の主宰するウェブサイト「カルチャースタディーズ」より)(中略)勤め先は「腰掛け」で、結婚するとあっさり辞めてしまった。「金妻」に登場するヒロインたちは、今でいう「勝ち犬」の人生である。結婚して郊外の家も得て、親の世帯からの厄介な口出しはほとんどなく、本格的な子育ての苦労はまだ始まっていない。当時の常識から言えば「それでなんの不満があるのか」と叱られるような暮らしである。他方、彼女たちが二五歳までに結婚していたとすれば、三六歳といえば家庭に入ってすでに一〇年を過ぎ、「このままでいいのか」という不安が頭をもたげてくる頃である。

(吉崎達彦『1985年』新潮新書)

そういわれてみれば、すでに年金受給者となって久しい団塊世代が、この頃には未だ三〇代だったのだ。そして不倫だのセックスだのにまだまだ精を出していたのである。無論、筆者はすでにこの八五年版の出演者、当時の篠ひろ子や坂東英二より年上である。そして、郊外の一戸建てはおろか、結婚もしていない。

こういった時代背景に「アイドル」という存在を置いたとき、おのずとそこには、あるべき人生モデルが浮かびあがってくる。たとえば、一〇代でヒット曲をだした後は、ドラマや映画の主演を務め、二〇代半ばで芸能人か資産家と結婚する。そして芸能活動は引退し、子育てをし、裕福な女の幸せを全うする――容易にこのような人生モデルが想像できるが、岡田はもっと別の生き方を模索していたのだろう。

しかし岡田に限らず、「金妻」の女たちですら、岡田が夢見たような近代的な自由を模索していたのだ。誰もが羨むこの生活は本当の幸せなのか、と。

均質的集団の女性

ところで「金妻」は有名女子高出身の四人の「妻たち」の家族を巻き込んだドラマだが、同じ学校を卒業した者たちが、同じような階層の家庭を築いているところもこの時代らしい描写である。イマドキの言葉を使えば「格差」のない、均質な人間関係なのである。

そして、この時代の「均質」というワードからまっ先に連想するのは、当時の「均質な女子高生の集団」、前述した秋元康プロデュースによるアイドルグループ、おニャン子クラブであろう。

おニャン子クラブは、一九八五年、フジテレビのテレビ番組「夕やけニャンニャン」から誕生したアイドルグループである。このグループの特徴は、一般人の女子高生を番組内のオーディションにかけ、その素人っぽさを残したまま歌手デビューした少女の集団であったという点である（実際にはすでに芸能事務所に在籍していたメンバーもいた）。彼女たちの本業は飽くまで高校生であり、おニャン子の活動とは部活の延長のようなものである、とメンバーもスタッフも認識していた。

したがって、飲酒や喫煙のような行為は厳禁とされ、そのような事実が判明すると、当該メンバーはクビになった。実質の活動期間は二年半であり、のちのアイドルシーンに残した影響を考えれば意外なほど短い。だがこの間、毎週のようにオリコンチャートをにぎわし、素人という従来のアイドルにはない、新しい価値観を提示したのだった。

このグループについてはすでにさまざまに論じ尽くされており、本書での解説はこのあたりにとどめておきたい。本書にとっての彼女たちの問題とは、無個性で均質的な女子高生の集団が保守的な生き方を標榜する歌を歌い、それが多くの若者の支持を得たという点である。つまり、「金妻」予備軍といっても過言ではない存在の彼女たちは、「退屈だ」などと忌み嫌われるでもなく、むしろ若者たちに熱狂的に受け入れられたのだった。それは、「若者の支持を得た」などという生易しい表現では追いつかないほどの熱狂であった。

おニャン子が席巻した時代

このおニャン子フィーヴァーを考える時、一九八六年のオリコンチャートは第一級の資料となる。よく知られるようにおニャン子関連曲とは、おニャン子クラブ名義の作品よりメンバーのソロ曲やユニット名義の曲のほうが多く、おニャン子本体のシングルリリースのあい間を縫うようにソロ曲やユニット曲をリリースし、ファンの興味を引き続けるシステムとなっていた。そして一九八六年のチャートはおニャン子関連がいかに勢いがあったものかを示している。

まず一月の四週間、一位を独占したのは新田恵利「冬のオペラグラス」で、二月に入るとうしろゆびさされ組「バナナの涙」が一位となる。三月には本体のおニャン子クラブ「じゃあね」が一位に。翌週には「季節はずれの恋」が一位に。そのあと河合その子「青いスタスィオン」が六位まで健闘する。

四月の月間チャートはさらに印象的だ。二位、新田恵利「恋のロープをほどかないで」、三位、河合その子「青いスタスィオン」、四位、ニャンギラス「私は里歌ちゃん」と三曲がおニャン子関連曲である。

五月にはとうとう上位三曲がおニャン子関連で占められる。一位、うしろゆびさされ組「象さんのすきゃんてぃ」、二位、国生さゆり「夏を待てない」、三位、おニャン子クラブ「おっとCHIKAN!」で、一三位にて新田恵利「恋のロープをほどかないで」が依然、健闘している。

六月もおニャン子旋風は続く。ソロデビュー曲の福永恵規「風のインビテーション」、城之内早苗「あじさい橋」がチャート入りする。七月には一〇位以内に再び、三曲、八月も三曲、九月は二曲、一〇月は四曲が一〇位以内に入る。一一月、一二月は二曲である。

結局この年、五二週間中三六週間にわたって、オリコン一位をおニャン子関連三〇曲が占めた。

ちなみに当時のチャートとは、現在のような形骸化したものではなく、未だ小林旭「熱き心に」やテレサ・テン「愛人」など、年配世代の歌謡曲も上位を競い合う健全なもので、このような素人集団に独占されるのは異常な出来事であった。無論、中森明菜や中山美穂、前述の岡田有希子などの実力派のアイドルが首位を奪い返すことはあったが、数字の面でおニャン子は圧倒的であった。レコードが売れた、という動かしようのない事実は、それがたとえ軽薄な遊びの企画のものであっても、時代状況を考えるうえで重要である。

アイドルの本質

さやわか[6]は、『AKB商法とはなんだったのか』(大洋図書)の中で、おニャン子の人気についても考えている。そのなかでおニャン子関連グループのなかでも特に色物として扱われたニャンギラスに注目している。

アイドルが楽曲よりタレント自身を重視するのであれば、もはや必ずしも優れた歌唱を見せる必要はない。おニャン子クラブとは、その考えを極限まで至らせてしまったグループだ。(中略)派生ユニット、ニャンギラスに至っては、おニャン子クラブ内で能力的に足りていないとされ「色物」と呼ばれたメンバーばかりを集めて結成されている。(中略)ニャンギラスはルックスすら他メンバーに対しずば抜けて評価されているわけではなかったという。しかも、明らかに「音痴」だとされる立見里歌がメインボーカルを務めている。(中略)ニャンギラスのメンバーは音楽的な能力を買われたわけではない。(中略)ファンはそのキャラクター性と、そしておニャン子クラブというグループ全体の楽しそうな雰囲気を好ましく思ったから、シングルを買い求めた。(中略)ニャンギラスが「歌が下手でもいい」という姿勢を明確に見せたのは、革新的なことだった。

(さやわか『AKB商法とはなんだったのか』大洋図書)

このような「稚拙なパフォーマンスにあえて価値を見出す」という評価のあり方は、ポピュラー音楽の歴史においては定期的に現れる価値観であり、七〇年安保を背景に現れたフォーク・ムーブメント、ポストモダンの思想と呼応するように登場したパンク・ムーブメント、こういった原点回帰現象がそれに該当する。

これらに共通しているのは、そのジャンルの太い幹のような本質だけを抽出したような、原初的なパワーで立ち向かってくる姿勢である。たとえばフォークであれば、私小説のような日本語のリリシズムの再起動であり、パンクに至っては、ポップとは単純なビートとスリーコードの轟音である、というテーゼである。

ニャンギラスをこのような原点回帰の系譜に位置づけるなら、彼女らが示した「アイドルの本質」とはどういうものだったのだろうか。それは、「特段、優れた能力や魅力を備えているわけでもない、若い女たちが嬌声をあげて楽しそうにしている」という空気のことだったのではないか。さやわかが「革新的」とまで呼んだのは、この「一〇代の女の子たちがキャッキャ言ってる状態それ自体が魅力的なコンテンツであり、楽曲やパフォーマンスは飾りなんだ」という思想のことだ。それはまさにパンクのように芸能や商業音楽の評価軸すら覆す力を持って、受容された。中森明夫は『アイドルにっぽん』（新潮社）のなかでアイドルをこう定義する。


アイドルは歌がうまいというわけではない。芝居が達者なのでもない。よく見ればさほどの美人でもなく、スタイル抜群というのとも違う。まさに「価値がない」。ただ、かわいい。ただ、人気がある。ただ、ファンに好かれ、愛されるだけの存在だ。そしてそれこそ私たちが、この国を生きる者たちが求めた至上の価値ではなかったか。

（中森明夫『アイドルにっぽん』新潮社）

おニャン子たちの隘路

しかし、少女が少女でいる時間は短い。おニャン子は実質二年半の活動で解散する。無限にモラトリアム期間が延長された現在の視点から見れば、「人気の絶頂でもったいない。二〇歳過ぎようが活動を続ければいいのに」と思うが、まだまだ経済成長の途上にあった日本社会の規範では、高校卒業あたりの年齢を目途に「大人」へと成長しなくてはならなかったのだろう。

そう考えると彼女たちは、まぎれもなく一回性の人生、一回性の青春を生きたことになる。無価値で無反省な、ただ嬌声をあげて騒いでいるように見えた彼女たちの活動も、今となっては文学のようにとらえることも可能だ。

無論、彼女たちはただ二年間、嬌声をあげて騒いでいただけではない。たとえば立見里歌など、天然キャラでなにも難しいことは考えていなさそうな雰囲気が彼女の魅力でもあったわけだが、意外と将来のことや進路についてシビアに考えてもいた。

私はもっと現実的意見かも知れないですけど、中学生くらいの時、松田聖子さんとか見てて、TV出たいなっていうのは誰でもそうだったと思うし、実際私もそうだったんですけど。

（中略）ただ一〇年後とか考えると、この世界はまったく保証ないですしね。初めからマスコミや広告代理店を希望していたので、キッカケがあればそういう方に就職できたらと思っていました。

（稲増龍夫『アイドル工学』筑摩書房）

無論、彼女のマスコミや大手広告代理店への就職希望が現実的であったかは、今は問題ではない。そのような点を指摘して、「やはり天然だ」などと揶揄するのが本書の目的ではない。あくまで企画もののグループの一員である者が、現実的な進路や将来像を考えていたのも不思議ではない。

むしろ本書で問題となるのは、年頃の少女なら当然に考えるであろう進路や将来への不安を聞いたとき、なぜか受け手の側はガッカリしてしまう、という心象なのだ。

「いつまでもキャッキャキャッキャと嬌声をあげてバカをやっていてほしい」と願ってしまう心情。「ただ好かれ、愛されているだけの存在」ではないと本人がウスウス気付いていたという現実。夢を売りながらも現実にも気付かざるをえない、一九八五年という場所。その人生はそれぞれ違ったが、岡田有希子と立見里歌は同じ隘路に嵌っていた。

元メンバーで、のちに椎名林檎に大きな感銘を受けたという我妻佳代も、アイドルらしからぬ心情を告白している。松谷創一郎『ギャルと不思議ちゃん論』（原書房）に引用がある。そのなかで、若い時には誰もが自分の弱さを認めたくないものだが、自分は人気グループや、その出自のアイドルでぬるま湯に浸かっていると感じていた。椎名林檎のような確かな主張ができなかったので、結局引退した。だからこそ彼女に憧れを抱く、といった発言で、なにか岡田の二つの文書を想起せずにいられない。

彼女たちは中森の言うように価値がなく、ただ好かれ、ただ愛された。しかし、そんな彼女たち、天然、おバカキャラなどと評された者の内側では、「本当の自分とはなにか」と問いかける自我が芽生えつつあった。この自我は中森の定義の論理に当て嵌めれば、まったくアイドルには不要なものだ。

「無反省で、超然としていてほしい」――そのような願いはこの時代以降、アイドルにとって重圧となってゆく。ここからは、中森のアイドルの定義を離れて、若い女性歌手について自由に考えてみたい。二〇歳前後の女性で、未熟なパフォーマンスでありながらも、その人格まで含め、同世代から共感を得る状態。これを広くアイドル状態と呼んでみよう。そうすることで、この四半世紀の間に形成されていった、現在のアイドルを取り巻く問題系を解く経路が見えてくるはずだ。

6 「反省」と「無反省」のあいだで

彼女たちの心情とはうらはらに、おニャン子クラブの代表曲「セーラー服を脱がさないで」は、当時の公序良俗の規範から鑑みても低俗な歌詞だった。「友達より早く　エッチをしたいけど」「週刊誌みたいなエッチをしたいけど」「バージンじゃつまらない　パパやママは知らないの　明日の外泊」といった、一〇代の少女たちのセックスへの願望や興味をあけすけに語ったもので、作者である秋元康の、当時の保守的になりつつあった歌謡曲の常識を挑発する意図が見て取れる。「人間的深み」とか「青春の儚さ」といった文学的奥行きのまるでない、「セックスにしか興味がない」という平面的な人間観で三分間を走り抜けるバブルガム・ポップである。

今、改めてインターネットの動画サイト等で彼女たちのパフォーマンスを観てほしい。できれば彼女たちのホームグラウンド「夕やけニャンニャン」出演時のものではなく、「夜のヒットスタジオ」等の歌番組出演時のものが望ましい。他の出演者たちと比して、あまりに彼女たちは異質なのだ。今、大人数のＡＫＢ48が歌番組に出演してもさほど違和感を感じないが（それは単にこちらが彼女たちに慣れただけなのかもしれないが）、おニャン子は異質というか不気味な雰囲気なのだ。

まず、衣装がビックリするほど安そうである。やれシャネルだラルフローレンだとうるさい田中康夫が見たら卒倒するのでないかというぐらい、今ならドン・キホーテあたりで売っていそうな風俗店のコスプレ用みたいな制服。そして我々はなんとなくおニャン子とは、はしゃいでいたり、騒いでいるイメージがあるが、歌番組のようなアウェイにおいては驚くほどつまらなそうな顔をしている。無論、ロックバンドなどでテレビ出演の際、明らかに不満そうな表情を見せる歌手は当時散見されたが、彼女らの場合、そのような意思をもったものではなく、単につまらなそうなのである。

そして歌の下手さがむしろ新鮮に響いたのだった。「セーラー服を～」は昨今のJポップに比べれば異常に簡単な歌である。それがキチンと歌えない。最近のカラオケで鍛えた高校生と総替えすれば、格段に歌の表現力は増すであろう。そういえばこの曲が発表された当時、カラオケは未だ普及していなかった。烏賀陽弘道『カラオケ秘史』（新潮文庫）によれば、一九八五年、岡山の産業道路沿いにお弁当屋さんがトラックのコンテナを利用して始めたのがカラオケボックス第一号ということである。この文化もまた、一九八五年だったのだ。つまり、彼女たちはカラオケ好きが高じて歌手を目指した世代ではない。日常的に歌う習慣もないような子たちだった。

そんな子たちが平気でオリコンチャートの上位をかっさらっていく状況とは、まさに革命であっただろう。彼女たちは本当に無価値で、主体性もなく、ただ同世代の男子から好かれる存在だったとわかる。

伏流する「近代」への欲望

「無反省」な歌を彼女たちは訥々と歌い、大ヒットを飛ばしてゆく。しかし、やがてそんな彼女たちも、自身の将来や人生について考えるときがくる。つまり反省する時がくる。それは、この時代の若い女性たちが経済成長を経て、近代化を終えてからものごころついた世代だから当然といえる。このときの「反省」のもつ歴史的・社会的意味とはどういうものか。

こういった問題を考えるさい、通常参照されるのは社会学者アンソニー・ギデンズの「再帰的近代」の理論である。ギデンズは、近代とは個人が再帰的に行為を調整するような態度を一般化した時代、と論じている。

従来の社会ならば、職人のギルドや農村的共同体といった「伝統」が個人のアイデンティティを担保した。しかしギデンズによれば、再帰性が上昇すれば、「伝統」から解放された近代人は自らのアイデンティティや一貫性を自分で再帰的に査定していかねばならない。つまり、つねに「反省」することが求められる状態に置かれることとなる。北田暁大は『嗤う日本の「ナショナリズム」』(NHKブックス)において近代人をこう定義する。

近代人とは、いわば構造的に「自分探し」「反省」を宿命づけられた存在なのだ。彼らは、誰に強要されるわけでもなく、自己を「反省する自己」と「反省の対象となる自己」に二重化し、反省＝再帰的モニタリングを反復することによって「自己の固有性」「個人の内面」を構成的に利用する近代社会の構造―フーコーのいう「規律訓練能力」の論理―の再生産に寄与する。「思想」や「文学」は、そうした内面に遡及する個人の反省を促すメディアとして機能してきた。

（北田暁大『嗤う日本の「ナショナリズム」』ＮＨＫブックス）

この一九八五年とは、すでに近代化が達成され、まさに「子ども時代」が無限に引き伸ばされる（ヴァン・デン・ベルク）時代が到来していた。つねに「反省」を求められていたのはおニャン子のユーザーたる当時の一〇代から二〇代の若者たちであったのだ。いつまでも成長の途上にある者として常に反省を促される、そのような日常に飛び込んできたのがおニャン子の「無反省」であった。

今思えば彼女たちの掲げたスローガンとは「無価値だが、愛されるアイドル」などではなく、息の詰まるような「反省」を常に強要される近代社会の鬱屈を打ち壊す「反・近代」であったのかもしれない。しかし、この時代に生きる者たちは、宿命的に「反省」から逃れることはできなかった。それは岡田であれ、おニャン子であれ、あるいは彼女たちのファンであってもだ。

この時代の近代人は「夕やけニャンニャン」のお祭騒ぎやおニャン子たちの嬌声を楽しみな

がらも、欲望していた。恋愛やセックスへの憧れといったような低俗な歌詞、つまり平面的な一過性の娯楽ではない、「無反省」ではない、再帰的に自己を問う歌を。「反省」する歌を。

（注）

（1）この、「ヲタとメンとの間の固有の体験」→「実存」と、そのような固有の体験が何度も繰り返される、「卒業という制度」→「構造」と捉えてみると、前田の言葉はそのまま物語構造（ナラティブ・ストラクチャー）となる。この「実存」と「構造」のなかから重層的に浮かび上がる人間こそが、二〇世紀文学の特徴であり、ガルシア・マルケス「百年の孤独」、大江健三郎「万延元年のフットボール」、中上健次「千年の愉楽」といった構造主義の文学の系譜に、前田の言葉は位置している。

（2）「ひぐらしのなく頃に」は同人サークル「07th Expansion」によるゲーム作品である。監督・脚本は竜騎士07。ゲームとはいうものの、プレイヤーにはほとんど選択肢は与えられないまま、物語は進行する。ストーリー自体は単純なもので、鄙びた田舎町で起こった連続殺人事件の様子が、同じ時間と場所を舞台に七回繰り返される。その繰り返しのなかで、プレイヤーは事件の真相を探るよう促される。実際には選択肢を与えられていないにもかかわらず、何度も同じ事件を視点を変えながら繰り返されると、プレイヤーは自分の意思でゲームをリプレイしている錯覚に陥る。つまり、実際には単一のストーリーしか持たないのに、別の展開があったのではないかと錯覚させるようにこの物語は設計されている。

「今、自分の見ているストーリーは誤ったプレイであり、どこかに正しいストーリー（トゥルーエンド）があったはずだ」と想起させるようにできている。その想像が、この単純なストーリーにリアリティを与えている。このような入り組んだ構造を批評家の東浩紀は、

> 「ひぐらしのなく頃に」は、一方では、コミュニケーション志向メディアでありつつ、コンテンツ志向メディアとして読まれようとする傾向を極限まで推し進めた「小説のようなゲーム」でありながら、他方では、その結果として生まれた世界に、ふたたびコミュニケーション志向メディアの世界観を招きいれようとする「ゲームのような小説」であるという二重の性格を備えている。つまりはこの作品は、ゲームとしていちど大きく退化し、そのうえでふたたびゲーム的経験の作品化を試みるという、「ゲームのような小説のようなゲーム」とでも呼ばれるべき作品なのだ。（『ゲーム的リアリズムの誕生』講談社現代新書）

と解説している。この「ゲーム的リアリズム」が本書にとって重要なのは、このような想像はアイドル消費の現場においても働いていると考えられるからである。香月孝史は『「アイドル」の読み方』（青弓社）のなかで、アイドルの上演の現場の在りかたを「饗宴」という言葉で説明している。この「饗宴」とは、「演者や観客が未分の状態におかれている」ような上演形式のことで、歌舞伎研究家の郡司正勝が用いたとされる。通常、西洋近代の舞台上演の形式では演者と観客は明確に分かれており、コンテンツとしての性格を強く持つ。それに対して歌舞伎の場合、両者が接触を持ち合い、未分化のまま、まるで共同演出のような性質を持つことになる。香月はアイドルの現場にもこのような相同性が見られると指摘する。確かにアイドルの現場は「鑑賞」というより「参加」という意味合いが大きいことは、多くの「ヲタ」の証言からも理解できる。本書で問題となるのはこの「饗宴」的な関わりあいによって、あたかもファンはコンテンツの質に関わっていると錯覚してしまうことで、コミュニケーションがむしろ不健全化しているのではないかという点である。現代のアイドル文化に「饗宴」的な関わり（たとえば握手会）という変数が加わることによって、あたかもファンの消費行動如何でコンテンツの性質そのものを、つまりトゥルーエンドを引き出せるのではないかとファンに錯覚させる力が働いているように思える。たとえばＡＫＢ48選抜総選挙における投票行動などはこれにあたるだろう。しかし、竜騎士07のゲーム作品とアイドルパフォーマンスには決定的な違いがある。ゲームは架空のストーリーに過ぎないが、アイドルは生身の人間である、という点である。

（3）高橋留美子原作、押井守監督劇場版アニメ作品「うる星やつら2ビューティフル・ドリーマー」（一九八四年作品）では、学園祭を明日に控えた友引高校の生徒達が泊り込みで準備しているのだが、なぜかその「学園祭の前日」が何度も繰り返される。つまり、永遠の祝祭的な青春の時間が主人公達にもたらされるのだ。しかし、主人公の諸星あたるはこのような幻想の祝祭空間からの逃亡を試みる。この作品は「劇場版うる星やつら」の中でも押井守の作家性が色濃い異色作と言われている。筆者の妄想だが、たとえば一九六八年の日大闘争におけるバリケード内などもこのような祝祭空間であったのではないだろうか。運動に幻滅した記憶をもつ押井が「あたるが現実へ逃亡する」というストーリーにこだわったのも、この文脈なら理解できる。ところで、今日的なアイドルの現場とは、このような青春期の祝祭的空間をビジネス的に再生産することが可能になったことを示していると考えられる。しかし、筆者の経験から（なぜか学生時代、すぐに文化祭実行委員などメンドくさい役割を押し付けられるのだった。主に教師に）鑑みて、学園祭の前日とは決して楽しいばかりの祝祭空間ではなく、トラブルが発生したり（金銭問題含む）面倒な交渉事に忙殺されたりロクでもない側面も実感としてある。私にとって学園祭とは、決してビューティフルなドリームではない。

（4）握手会のこと。最近のアイドルグループは大抵、握手会のような接触イベントを行う。基本的にアイドルのCDや写真集などの購入者特典として行われる。なかにはチェキ（ツーショット写真）やハグ（抱きしめる）といったサービス精神というか過激なものもある。無論、ファンとタレントが直接、接触する行為にはリスクがつきまとう。有名なところでは二〇一四年五月二五日、岩手県滝沢市のイベント会場で男性スタッフ一名とAKB48のメンバー二名が鋸で切りつけられるという事件があった。後日行われたAKB48総選挙開票イベントと大島優子卒業イベントでは、一〇六人の手荷物検査員、一二二台の金属探知機を導入した厳重な検査が行われ、警察官五〇人が配備された。アイドル評論家中森明夫は五月二七日毎日新聞朝刊で、この事件を受けての見解を示した。そのなかで、「我が国のアイドルの歴史は四〇年余りと浅く、こうした事件が起こった時、脆弱なジャンルは強風、偏見にさらされます。この試練に耐えなければならない――アイドルサイドの人間として強くそう思う」と述べる。しかし、引きこもりであったという犯人の供述(「AKBなら誰でもよかった」という通り魔に近い動機)から鑑みると、彼は「脆弱なジャンル」というよりAKBに「勝者」「強者」「勝ち組」の象徴として彼女らをみていたのではないかと筆者には思えてくる。

(5)文脈は多少異なるが、コメディアン、ミュージシャンのマキタスポーツも『すべてのJ-POPはパクリである(現代ポップス論考)』(扶桑社)のなかで一九八五年を特別な年と指摘している。

私は一九八五年を「日本人がメタの時代に突入した年」と考えています。この年の一月、ソニーが八ミリビデオの一号機を発売します。(中略)「生まれたときから自分の姿がビデオに撮られている」ということが当たり前になってきます。つまり、自分を客観的に見る目線をわかりやすく獲得できるようになったというわけです。

このなかで、お笑いの世界においては「あるあるネタ」のようなメタ視点を共有する感覚や、小泉今日子「なんてったってアイドル」のようなアイドルをメタ視点から捉えなおしたような歌、チェッカーズの「不良があえてアイドルやってる感」、とんねるずの「〜みたいな」のようなメタ視点的な言い方の流行などを挙げ、「メタ目線」「ツッコミ目線」の突入の年、と規定している。

(6)さやわか(一九七四〜)インターネットサイト運営者、ライター。対象とするジャンルは多岐にわたり、ライトノベル、漫画、アニメ、ゲーム、アイドルと幅広い。著書に『僕たちのゲーム史』(星海社新書)、『AKB商法とはなんだったのか』(大洋図書)、『一〇年代文化論』(星海社新書)がある。

第4章　引き裂かれた場所で——「残念」に至る近代的自我

1　「反省」と「（性別）交差歌唱」の源流としての「My Revolution」

宿命として「反省」を義務付けられた一九八五年の若者たち。そんな彼らのささやかな抵抗として、おニャン子の「無反省」は機能した。一九八六年のオリコンチャートとは、今振り返れば彼女らの「無反省」の祭の痕跡である。どの週のチャートを見ても、保守的な歌謡曲シーンを嘲笑うようにおニャン子関連の楽曲が必ず複数曲、侵食している。

だが、三月の三週目、不意に、彼女らと同世代の無名の女性歌手のシングルが首位を奪う。当時一九歳であった渡辺美里[1]「My Revolution」である。

この曲はおニャン子のコンセプト——不真面目で、無反省で、素人臭いといった要素と完全に対をなしていた。つまり、真面目に、再帰的に自己への問いかけをやめない「反省」の歌を、本格的な訓練を受けたヴォーカリストが堂々と歌い上げる、といったものだった。今聴いてもまっすぐで生真面目な印象の残る曲である。

この曲は結果、今も彼女の代表曲であり、一九八六年度のオリコンチャート年間五位を記録するに至った。しかし、この曲にはこの時代の一〇代の女性歌手にはまず見られない奇妙な要素も含まれている。通常の女性の歌謡曲にみられるような一人称＝わたし、二人称＝あなたというルールが破られ、「自分」「きみ」といった、歌い手の性別（ジェンダー）と歌の主人公のそれとの交差現象である。これはおニャン子に限らず、松田聖子や前述の岡田有希子など、当時のアイドルにはまず見られない構造である。

「My Revolution」の奇妙さ

無論、前述の中森明夫の定義に従えば、渡辺ほどの本格的な歌唱力を有する者はたとえ一〇代の女性歌手であっても、「アイドル」とはみなされないことになる。しかし、ここでは広くアイドルを定義したい。つまり、二〇歳前後の女性で、同世代の若者から擬似恋愛的な感情または恋愛以外の感情（たとえばライフスタイルなど）が支持されている状態、それ自体を「アイドル」現象と呼んでみたい。この本書の定義で考えると、渡辺は充分に「アイドル」的な支持を得ている。しかし、中森定義のアイドルと渡辺を比較すると、渡辺には肝心なものが抜けていると気付く。女性性である。先の、「歌い手と歌の主人公のジェンダー交差」、歌手のもつ女性性が周到に不透明化されている点である。

通常、アイドルの楽曲としての商品性とはその歌い手のジェンダー、つまり、女性としての魅力と規定される。たとえばおニャン子は、歌番組のロケに水着姿で登場することもあった。それは彼女らの楽曲や歌唱よりも、「身体的には充分に成熟しているが、社会的には未熟とされるアンビヴァレントな身体」そのものがコンテンツであったことを意味している。

歌詞もまた、多くは「セーラー服を〜」のような性的イメージを強調するものであった。

しかし、渡辺の「My Revolution」の当時のPVを今観ると、実に奇妙なのだ。

まず最初に現れるのは、おそらく生後間もないであろう赤ちゃん、そして老婆の笑顔がスローモーションで映しだされる。その後に渡辺自身が登場するのだが、極めて露出の少ない衣装なのである。そして海岸のような殺風景な場所でただ歌うという、ブレイク前らしい低予算なフィルムなのだが、要所要所で野球少年や雑踏を行くモヒカン頭の少年などが、やはりスローモーションで挿入される。おそらく「様々な青春」のメタファーなのであろう。

そして肝心なことは、このフィルムのなかで、美里の女性らしさがまったく打ち出されていない、ということだ。もっとはっきり言うと、なにをプロモーションしたいのかさっぱりわからないフィルムなのだ。

歌詞においても同様で、若い女性歌手のシングル曲であるにもかかわらず、この曲では恋愛についてまったく触れられていない。かわりに歌われているのは、「自分らしい生き方」や「きみに会えた意味」といった「反省」がテーマとされている。

そして、ここで描かれる「反省」が複雑に入り組んでいる。「頬杖ついていた夜」や「笑顔が多いほど独りの夜がつらいね」といった、「弱い自分」「克服すべき欠点」が挙げられたのち、「本当の悲しみなんて自分ひとりで癒すものさ」「夢を追いかけるなら　たやすく泣いちゃだめさ」と自己を対象化し、再帰的モニタリングが行われる。北田の言う、近代人の条件、「自己の固有性」「個人の内面」が反復のなかで構成されているのがわかる。

つまり、この曲は反「反近代」、従来的なアイドルソングの構造の逆張りを意図しているのである。

歌謡史上における美里の Revolution

無論、この時期に、「未成熟な性的魅力」一辺倒のアイドルシーンに反旗を翻すようなシンガーが登場しても不思議はない。重要なのは大衆にどう支持されたかである。「My Revolution」は年間五位のセールスを記録した。そして意外なことに一位~四位までにおニャン子関連はチャートインしていない。おニャン子関係で年間チャート最大だったのは河合その子「青いスタスィオン」の一〇位だったのだ。つまり美里の、まるで学校の道徳の授業の如き生真面目な「反省」は、おニャン子の「無反省」を数字の面で圧倒したのである。

しかもこの年、美里は「Teenage Walk」「Long Night」「BELIEVE」とさらに三曲リリースするが、やはり恋愛の歌ではない。どれも「弱気な自分」という初期設定からはじまり、再帰的自己モニタリングの末、「強く生きる」決断に至るという、ここまでくるともはやワンパターン戦略とイヤミのひとつも言いたくなるくらいの徹底ぶりなのだ。

ともあれ重大なことは、一〇代の若い女性歌手が恋愛の歌を歌わず、チャートの首位を奪い、しかもそのような音楽的キャラクターおよび市場をほとんど一人で開拓したという点。この事実は戦後歌謡史上においてもRevolutionと呼ぶべき偉業だったのではないだろうか。

この年の七月、彼女は一〇代では初の二枚組オリジナル・アルバム「Lovin' you」を発表する。二〇曲収録された大作だが、驚くべきことにこのアルバムの中には従来的な恋愛ソングは存在しない。すべて「近代的な自我がいかに反省するか」という内容一辺倒で走りきる。

そして歌詞のまっすぐさとはうらはらにジェンダーは不透明、という奇妙な構造が一貫する。たとえば表題曲「Lovin' you」の「ぼくのなかのRock'n Roll」という歌いだしや「君はクロール」というような「きみ」と「ぼく」で構成されたジェンダーの交差、というより未だ不可分な少年期を思わせる人称の曖昧さが目立つ作品だ。ここに来るべき九〇年代の女性ヴォーカリストのあり方の雛形ができたといえるのではないだろうか。

そして、そのような「近代人」の音楽的キャラクターは、この一九八六年――金妻、3号、均等法、おニャン子を背景に登場すべくして登場した。事実、美里の登場とおニャン子の解散以降、「アイドル冬の時代」と呼ばれるアイドルの不作の時代が訪れる。それはひとえに中森定義のアイドルが成立しにくくなった時代といえる。

美里の登場以降、若い女性歌手は「あなたが好き」とか「とっても好き」とか「はやく抱きしめて」といった恋愛を匂わせる歌を歌わなくなり、かわりに「自由ってなんだろう」とか「本当の自分を探すために」といった内容の、お茶の間のおじさんやおばさんにはなにを言っているのかさっぱりわからない歌が、歌謡シーンに跋扈することになる。

「一般の若者」のためのアンセム

ところで、当時の音楽ジャーナリズムは、美里による「近代人」の音楽をどのように評価したのだろうか。

『ミュージック・マガジン』[2]には「クロス・レヴュー」というページがある。一九六九年の創刊時から現在まで続く看板企画で、最大の特徴は四人のライターが一〇点満点でその月の新譜を採点していくというところにある。

一九八六年九月号にアルバム「Lovin' you」のレビューが掲載されている。四人の評者の採点は、小嶋さちほ五点、鈴木博文五点、山崎直也四点、中村とうよう七点。全体のトーンとしては否定的である。「エライ! と思う反面、不気味でもあるわけで……」(小嶋)、「ジジ臭いことかもしれないが、日本語はちゃんと歌ったほうがいいと思う。(中略)随所に聞かれる窮屈な日本語は、意味不明になるだけでなく、粗雑さを感じる」(鈴木)、「聞いてみたら以外に行儀よく優等生的で、少々拍子抜け」(中村)。ひとことでまとめると、「優等生的でロック的でない」ということになるだろう。

ちなみにこのとき、「**Lovin' you**」と一緒に俎上にあげられたのは、マドンナ「トゥルー・ブルー」、ザ・スミス「クイーン・イズ・デッド」、スティーブ・ウィンウッド「バック・イン・ザ・ハイライフ」というもので、女性性エンターテインメントの極北や退廃の美学の極北と並べられたのでは分が悪い。このとき美里が提示した「近代的自我」（この水脈は九〇年代の小室ファミリー〜現代のＡＫＢ48まで引き継がれることになる。後述する）は、当時のロック的価値観の前では「優等生的」で片付けられたようだ。

このようにロック批評においては黙殺されてしまうが、セールスではオリコン年間アルバムチャート七位と、恋愛を歌わない二枚組という異常に強気な商品にも関わらず健闘した。ロックのプロパーではない一般の若者たちは、こんな「反省」の歌を強く支持したのだった。そういえば「**My Revolution**」の四ヵ月後に発表されたシングル、「**Teenage Walk**」はこんな歌詞だった。

Woo Woo Woo 鳥が空へ　遠くはばたくように
いつか　飛びたてるさ　自分だけの翼で

（渡辺美里「Teenage Walk」作詞：神沢礼江、作曲：小室哲哉）

岡田有希子が「鳥になる」「飛ぶ」といった、抽象的な詩のような断片の遺書を残してこの世を去った、その翌月に発表されたシングルだ。岡田が「公開されたら恥ずかしくて生きていけない」と怖れた自我とは、「無反省」のお祭りのなかで、実はこの時代の多くの若者が待望していたものだったのだ。その点で、岡田もどこにでもいる思春期の若者の一人であったのだ。

2 「My Revolution」から「RIVER」へ

ここまで述べてきたように、渡辺美里「My Revolution」とは、単なるヒット曲にとどまらず、新しい時代の女性像を提示した点において画期的であった。そんな画期的なレコードであるはずのアルバム「Lovin' you」が、音楽雑誌においては酷評された。しかしそれも無理からぬことで、音楽ジャーナリズムが嫌ったのは、「Lovin' you」に描かれた女性像が、単純化によって達成された、記号的な人間像だったという点による。

たとえば従来のアイドル歌謡であれば、初めての恋愛によって揺れる心であるとか、複雑な感情の機微だとかを描くものであって、八〇年代半ばには松本隆や呉田軽穂（松任谷由実の作詞家のときの変名）といった職業作家によって、高度な文学性を獲得するまでに至った経緯があった。だが、美里の登場はこのような達成を一度、リセットするほどの強い影響力を持った。美里の描いた女性像とは、とにかく「未熟な現在の自分の弱点を克服し、強く生きる決意をする」という極めてシンプルな物語構造に、もっともらしいボキャブラリーや背景を投入していくという記号的な作詞法[3]であり、したがって模倣するのも比較的容易であった。

ジェンダー交差歌謡の系譜

しかし、今でも不思議なのは美里、そして美里以降の若年女性シンガーに色濃いジェンダー交差表現、つまり「きみとぼく」の人称の問題である。

無論、女性が男性的な人称の歌を歌ったのは美里が最初ではない。戦後歌謡史においてジェンダー交差歌謡でまず思い浮かぶのは水前寺清子の「いっぽんどっこの歌」（一九六六年）だろう。「どんな花よりきれいだぜ（中略）どんとやれ男なら」といった男の道を説く歌詞を水前寺は和服の着流し、つまり男装で歌い、ヒットさせた。また、柔道着姿の美空ひばり「柔」なども国民的ヒットである。美空の場合、少女時代のヒット「東京キッド」（一九五〇年）においても少年を演じた、ジェンダー交差の嚆矢である。この路線では暁テル子「東京シューシャインボーイ」（一九五一年）や、宮城まり子「ガード下の靴みがき」（一九五五年）のような「女性が少年を演じる」系譜となる。

同様に男性が女性を演じるジェンダー歌謡もいちジャンルを形成している。代表的なところではやはり、殿様キングス「なみだの操」（一九七三年）ということになるだろう。この、トートロジーともとれる奇妙な名前のグループのヒットは、失恋したと思しき水商売の女が「あなた」を待ち続けるという極限まで女々しい内容だ。このような系譜では小林旭「昔の名前で出ています」（一九七五年）がある。このような「女心を歌う男性歌手」は六〇年代に、菅原洋一、城卓也、森進一、バーブ佐竹などが登場し、市民権を得る。かぐや姫「神田川」（一九七三年）や長渕剛「巡恋歌」（一九七八年）、チャゲ&飛鳥「ひとり咲き」（一九七九年）などはこの一連のジェンダー交差歌謡を意識していると考えられる。

この「ジェンダー交差」について考察したのが中河伸俊「『転身歌唱の近代』—流行歌のクロス・ジェンダード・パフォーマンスを考える—」（北川純子編『鳴り響く性・日本のポピュラー音楽とジェンダー』勁草書房、収録）である。このなかで中河は、戦前にはこのようなジェンダー交差歌謡はほとんど見られないと指摘している。戦前においては前述の「女心を歌う男性歌手」に該当するのはディック・ミネ「愛の小窓」（一九三七年）、楠木繁夫「女の階級」（一九三六年）の二例に限られるという。そして戦後、演歌というジャンルの進展とともに広がってゆく。

こうしてみると、意外なことではないが、ジェンダー交差歌唱の広まりと演歌というジャンルの成立には深い関わりがありそうだ。演歌というカテゴリーが成立した六〇年代はいわゆる高度成長期のただ中であり、常識的な言い方をするなら、近代化・西欧化がさらに進んだ時期ということになるだろう。（前掲書）

中河はこのなかでいくつか興味深い指摘をしている。演歌の「女心を歌う男性歌手」では主に受動的なスタンスで恋心や失恋を歌い、しばしば堅気でない水商売系統の女性が主人公になるケースが多いのに、水前寺や美空の歌う「男言葉の女性歌手」の歌ではほとんど恋愛がテーマにならない、という。また和製ポップスやグループ・サウンズのような洋楽の成分の強い若者向けのジャンルには、まったくジェンダー交差がみられないという。

となると、美里のジェンダー交差とは、「八五年」という背景よりむしろ水前寺や美空の後継と考えるべきなのだろうか。筆者が中河に続いて指摘するなら、女性歌手でジェンダー交差する歌手はアルトの歌手に多いという点である。雪村いずみや石川さゆり、松田聖子のようなソプラノの声域の歌手で「ぼく」というものはみられない。

中河の論には本書のテーマであるところの、美里以降のジェンダー交差についても記述があるが、残念ながら明確な結論は得られない。

近年の新しい傾向は、(中略)バンド・ブーム以降のJポップの女性歌手の中に「ぼく」を一人称にした歌詞を歌うケースが散見されることである。それは、CGP(クロス・ジェンダード・パフォーマンス)のこともあれば、そうと断定できないこともある。CGPとは基本的に無縁で、女性からの視点からの歌詞を書いて歌ってきた松任谷由実や中島みゆきが、九〇年代になって相次いでCGPの録音をしたのも(筆者注:松任谷「Hello,My Friend」、中島「瞬きもせず」のこと）あるいはそうした傾向（筆者注：パフォーマーがより洋楽的、自己表現的になると素朴なリアリズム、つまり順当なジェンダーを選択するのに、より流行歌的、日本的になるほどジェンダー交差に対して開かれる、という考察）に呼応してのことかもしれない。そうした一つの流れがほんとうにあるといえるのか、あるとすればその中身はなんなのかという点については、近年の話しことばでの「性差解消」（遠藤織枝「女のことばの文化史」）の傾向や歌の世界での伝統的な受動的女性像・能動的男性像の変容などを視野に入れながら検討する必要があるが、それは今後の課題にしたい。（前掲書）

「きみ」とは誰なのか

美里のジェンダー交差と近代的自我のコンボは、九〇年代の女性ヴォーカルシーンにおいて前面化する。この時代が巷間よくいわれる「アイドル冬の時代」である。たとえば九〇年代歌謡シーンを代表する作家、小室哲哉のプロデュース業の嚆矢となったＴＲＦのデビューシングル「**EZ DO DANCE**」（一九九三年）において、女性ヴォーカルの **YU-KI** は「踊る君を見てる」と、ジェンダー交差を窺わせる。

また、この時代を代表する作詞家に坂井泉水がいるが、彼女もまた「きみ」人称の作家である。「息もできない」（一九九八年）では「きみに夢中だよ」、「明日を夢見て」（二〇〇三年）では「君の電話の声を聞くと」、「運命のルーレット廻して」（一九九八年）では「あの頃の自分を遠くで見ている〜ずっと君を見ていた」、「時間の翼」（二〇〇一年）では「口笛吹くとクスっと君が笑った〜あれからぼくらは出会った」などと歌う。

両者に特徴的なのは、主人公が呼びかける相手への恋愛とも友情ともつかない微妙な距離を描くことである。ひらたくいえば、性的な匂いをまったく感じさせないという点である。恋愛が性的な欲望で駆動するのではなく、なにか倫理的な手続きを経て結ばれていくような、達観した関係といおうか。

ここで考えられるのは、「きみ」とは特定の誰かを指しているのではなく、「きみ一般」とでも呼ぶべき、匿名的な含意を意図しているのではないかということだ。なにしろ彼女らの「きみ」には、従来の歌謡曲における「二人きり」感に欠ける。この「きみ」はどこか抽象的で身体性を伴わない、性的な欲望をまったく誘発しない「きみ」なのだ。

この「きみ」はメッセージソングとの親和性が高い。この主体は恋愛感情や性的欲求をもたないかわりに、なにか倫理的とおぼしき主張があるのだ。面倒臭そうであまりモテそうな感じがしない主体なのだが、この「きみ」の水脈は二〇〇〇年代にも持ち越され、AKB48「RIVER」（二〇〇九年）などに受け継がれることになる。

しかし順当に考えるとこの「きみ」は相当に高度な、近代的な人間性を求められているように思える。なんというか、酒がまずくなるタイプの歌なのである。(4)

昨今でこのような、ジェンダー交差歌謡でしかも倫理的な主張を伴ったヒット曲に、AKB

48「RIVER」がある。無論、酒がまずくなる歌である。にもかかわらず「RIVER」は大衆の大きな支持を得た。

性的なアピールもなければかわいいコンテンツでもない「RIVER」。体育会系の鬼コーチのような説教だけが続く「RIVER」。ひとことでいうと、ちっとも楽しそうじゃない「RIVER」。「RIVER」の魅力とはなにか。私には、「RIVER」を巡るコミュニケーションに、現代社会が女性になにを抑圧しているかが、象徴的に描かれているように思えるのだ。

3 引き裂かれるアイドル

ＡＫＢ48の一四作目のシングル「RIVER」は、二〇〇九年に発表された。そして、二〇〇九年に発表された女性アーティストのシングル最高位を記録した。この、リーマンショック～派遣村騒動以降、東日本大震災以前の時期に、大きな支持を得た「RIVER」について見ていきたい。

「RIVER」はＡＫＢ48の楽曲のなかでも、極めてメッセージ性の高いものである。冒頭、高橋みなみ(5)によるまるで応援団のような掛け声とともに、ヘヴィファンクのビートが打ち鳴らされる。そして目の前の川を渡れ、怯むな、ためらうな、一歩前へ踏みだせ、と軍歌かと見紛うような強いメッセージが歌われる。

この曲のＰＶにおいて、実際にメンバーは迷彩色の軍服に身を包み、泥に汚れながら渡河するのであった。登場するヘリコプターや格納庫は航空自衛隊の協力を得て、入間基地のものが使用された。

　このＰＶをたとえば欧米人が観たなら、奇異に映るのではないだろうか。なにしろ年端のいかない、また特別な能力に秀でた者でもなさそうな少女たちが、ギャングスタ・ラップのような重いビートで男たちに「川を渡れ、苦難を乗り越えろ」と主張するのだ。登場するのがマッチョな男性アーティストなら不思議はない。また、あるいはアニメーション作品のコスプレのようなものと解釈するかもしれない。または、戦闘的な衣装をまとった少女たちがドスの効いた掛け声で攻撃的な歌詞を歌うこの曲を、ヘンリー・ダーガー[6]のアウトサイダー・アートの系譜と解釈するかもしれない。つまりネタ映像なのではないかと解釈される気がする。

　しかし、日本人の読者なら誰でもわかるように、このＰＶはネタではない。極めてマジメに作られた作品なのだ。

「RIVER」のメッセージ構造

　そしてこの歌もまた、「きみ」と歌うジェンダー交差を匂わせる、美里以降の系譜に位置するものだ。女性シンガーが男に説教する歌は、水前寺清子「いっぽんどっこの唄」以来の歌謡史があるが、「RIVER」はよくある女性が男に説教する唄の系譜の最新ヴァージョンに過ぎないのか。たとえばファンは「**RIVER**」をどのように受容したのか。

ＡＫＢ48ヲタを自認する漫画家の小林よしのりは『ＡＫＢ48白熱論争』（幻冬社新書）のなかで、「**RIVER**」との出会いをこう語る。


わしがＡＫＢ48を「マジ」に好きになったのは「RIVER」からである。メンバーとして最初に意識したのはこの曲で最初に掛け声を発する高橋みなみだった。「RIVER」は世間が思っている少女アイドルの楽曲とはまったく違っていた。男が聞いても勇気が湧いてくる。闘争心を掻き立てるのだ。自衛隊の協力を得たと思われるＰＶを観て、戦闘服で銃を持って渡河する少女たちの泥だらけの姿にしびれた。「マジ」を感じた。（前掲書）

これはどういうことか？　アイドルとは中森明夫の定義によれば、「無価値でただ、愛されるだけ」の存在ではなかったのか？　とくに闘争心を掻き立てる、というのは奇妙だ。それは本来のアイドルソングの範疇から外れているということだろうか。

確かにこの歌詞は男を戦闘へと駆り立てる内容だが、女性の立場から「あなたの強いところ見せて」といったような女性性には拠っていない。本来なら屈強な体格の男性歌手が聴き手の男たちを鼓舞する、といったような立場で「**RIVER**」は書かれている。奇妙というのは、たとえば実際に屈強な男性、長渕剛のような歌手が「**RIVER**」のような歌を歌うのが順当なわけだが、それでは小林のようなヲタには響かなかったということである。このような歌詞を、女性、それも無価値とされる若年女性たちによって歌われてはじめて意味を帯びる、というタイプの、この国特有の倒錯的な感動がこの歌には内包されているのだ。

無論、この感動には彼女たち自身が総選挙のような場で審判を下される、という立場にあることと無縁ではない。つまり水前寺が着流しの衣装で登場したのはイメージ演出に過ぎないが、「RIVER」の戦闘服は彼女たちの置かれた状況を象徴している。この曲における聴き手とのコミュニケーションとは、「彼女たちの衣装を含めたパフォーマンスを自分に置き換えてみると勇気が湧く」というものではなく、ストレートに戦う彼女達を応援したくなる、という一方向のシンプルなものだったのだ。

中森（明夫）「なぜ僕らがこれ（総選挙）に感動するかというと、そこになにか戦後の日本人が失ったものがあるからかもしれない。（中略）僕は、もしかしたらＡＫＢは『反戦後日本』もしくは、『反時代的』な存在ではないかと思ったんです」（前掲書）

この中森の発言にはいくつか註釈が必要だろう。ここでいう「反戦後日本」「反時代的」とは、戦後の民主化のなかで、個人が勝負してゆく、夢をもつ、自己実現を果たす、といったことが困難になっていったという状況を指す。こういった個人のイノベーションを、戦後の日本人は失ったという話である。こういった状況のなかで、彼女たちは総選挙によって勝ち負けを判定される。この彼女たちの置かれた状況こそ戦後社会への抵抗であり、魅力となっているのだ、と。

「自然」と「近代」の間でアイドルが引き裂かれる

果たしてそうだろうか？　中森の「反戦後日本」「反時代的」というワードはそのまま、反「近代社会」、反「近代教育」と置き換えてもよいものだ。「RIVER」の、「つらい試練があろうとも強く生きろ」というメッセージは、戦後若年女性歌謡史においては「My Revolution」を根に持つものである。「My～」は、生き方を模索する、という近代的な女性像をはじめて若年女性歌謡史に提示した。つまり、「RIVER」は戦後の近代教育のロジックで書かれた世界なのである。

しかし、私たちの生きている現実の社会とは、「おニャン子」的、「三号」的な論理、つまりかつての農村的共同体意識を引きずりながら運営されている。自己実現の余地がほとんど残されていない社会にあって、「RIVER」の近代的自我が強いメッセージを持つことは理解できる。ならば、近代人である私たちはあの、一九六七年に江藤淳が発した警句を思い返すべきではないか。

「近代とは、女に自己嫌悪を否応なく植えつけるものだ」

「RIVER」のような強いメッセージと、バラエティ番組などで見せる「無価値な」「ただ愛される」あどけない少女としてのふるまい、Google＋などにおけるいくぶん演出を施した日常をアップロードするという行為、グラビア写真における成熟した性的な身体がコンテンツとして流通する現実――それらと「RIVER」のパフォーマーとしての自我は果たして両立するものなのか。

無論、両立はしない。私たちが総選挙からなにか身を切るような痛々しさを感じてしまうのは、あるいは高校球児の涙のような爽やかさを彼女たちから感じられないのは、江藤の言うところの自己嫌悪を誰もがうすうす気づきながら、「感動の全体主義」で隠蔽されてしまい、きちんと向き合わずに回避してしまっているが故にである。

ここに現代のアイドルという商売の罠と陥穽がある。彼女たちはどう見ても美里のような確信的な近代歌手ではない。にもかかわらず、「RIVER」や総選挙のような「近代」のステージに立たされてしまう。あの総選挙のステージとは、彼女たちが本来もっていたであろう「自然」と「近代」が引き裂きあう、ある種の刑場であるといえる。それを近代の「罪」と呼ぶべきか、「成熟」と呼ぶべきか、筆者もまた、引き裂かれている。

4 「自己回復」の物語の終焉としての「残念」

「自然」「母」として生きる前近代の女と、「近代」の女との間で引き裂かれることを宿命づけられているのが、現代に生きる女性の置かれた状況である。江藤淳は、「近代」とは女に否応なく自己嫌悪を余儀なくさせるものだ、と規定した。それでは現代の女性は、いかにして「女」を実現するのか。あるいは近代社会とすり合わせていくのか。

さやわかは『一〇年代文化論』（星海社新書）において、近年の若者文化の解釈の指針としての新しい概念、「残念」について考察している。「残念」とは従来的な言葉の意味では、「望んだものとは違う」「好ましくない」「達成しえなかった」というようないくぶん「失敗」の意味を含むものである。しかし、さやわかはこの「残念」が、二〇〇七年ごろを境に、言葉の使われ方自体が若者文化を中心に変化していったと指摘している。

「残念な美人」とか「残念なイケメン」という言葉は、普通に考えれば「美人」とか「イケメン」という、人並み優れた長所を持っているにもかかわらず、「残念」という、それを打ち消すような短所がある、という言葉だろう。（前掲書）

しかし、二〇〇七年ごろから、どこか「残念」を許容する、というか長所として認めるような姿勢をもって受け入れる文化が、主にインターネットを中心としたコミュニケーションに見られるというのだ。

図式的に書くと次のようになるかもしれない。

①一般的な理解……「残念」（短所）＋「美人」（長所）

②ニコニコ大百科の解説……「残念＋美人」（長所）（前掲書）

そして「残念」を受け入れる、というのは短所・長所を両方とも否定せずに受け入れる、あらゆる個性を受け入れる、そのような文化が、たとえば秋葉原に通い恋愛に免疫のないオタク男性（残念な男性）の恋愛の成就を励まし、応援する「電車男」などに萌芽が見られるという。そして、テレビアニメ「魔法少女まどか☆マギカ」の「残念、さやかちゃんでした」といったコメントや、アイドルグループNegiccoの「アイドルばかり聴かないで」における「ざんねーん！」と繰り返される歌詞などに表象されているという。

この、さやわかの指摘する「残念」という概念は、氏の著書のなかでは珍しく抽象的な議論であり、イマイチわかったような、わからないような感じなのだが、ひとつ言えることは、もはや近代社会の折り返し地点を生きる我々にとって、「残念でない人生」を生きることは極めて困難となっている、ということではないだろうか。

たとえば、従来の戦後的なあるべき人生モデルとは、一〇代のうちに有名大学に現役合格し、四年で卒業したのち、有名企業に就職する。そして二〇代後半で結婚し、二子をもうけ、三〇歳までに郊外に一戸建の家を建てる。無論、妻は専業主婦である、といったような人生。もはや相当に困難になったといえるこのような人生モデルをまっとうできる若者は、現代においては少数であろう。つまり、これからの日本人の多くは、あらかじめ「残念な人生」を生きることを宿命づけられた人々といえるかもしれない。

「残念」をあらかじめ内包した近代人

そう考えると、確かに近年の表現には「残念」というか、あらかじめ人を脱臼させるような、どこか真剣なぶつかり合いを回避するような打ち出しがみられるような気がしてくる。さやかが挙げるようなアイドルカルチャーやボーカロイド、ライトノベル、アニメ作品以外にもそのような気遣いの感じられる作品が思いつく。

たとえば、先に紹介した田中康夫「33年後のなんとなく、クリスタル」に登場する、かつて八〇年代の消費社会の中心、東京でオシャレに軽やかに青春を謳歌していた女子大生の由利だが、この作品では、卒業後留学したのち、ＰＲ会社を興し、大手外資系製薬会社の広報なども担当するようになった、エリート人生ではあるものの、未婚のアラフィフという「残念」を織り込んだキャラクターとなっている。そして三三年前、あれほど洋服のブランドや最先端のディスコ、バーなどのウンチクに余念のなかった彼女は、今やアンチエイジング、乳がん検診、子宮頸がんワクチンの啓蒙啓発などの広報に励むオピニオンリーダーである。

また、作者自身と思われる「ヤスオ」という主人公も、「お二人に日程を合わせます。というか、合わせられますよ。こちらは目下、無冠の素浪人ですからw」といった、意識的に「残念」な人物として描かれている。

田中の文藝賞選考において絶賛した江藤淳が、戦後近代の最大の「残念」だと嘆いた「近代が女に自己嫌悪を植えつける」問題だが、田中はこの件に関しても、「残念を受け入れ、許容する人物」を描いて、回答を提示している。「残念」を許容するコミュニケーションによって、現代社会は、女性が引き裂かれることを回避していくのかもしれない。

この「残念」によって自己や他者を許容してゆくコミュニケーションを、ややもすると「ヌルい」とか近代人にとってもっとも重要な「反省」を否定する思想だ、と批判する向きもあろう。

しかし、この「反省」する自我とは、江藤が戦後文学を考えるとき、常につきまとう問題でもあった。批評家・江藤淳にとって戦後もっとも重要だった作家の一人に、大江健三郎[6]がいる。江藤は端的に大江作品をこう評する。

私見によれば、芥川賞以後の大江氏の主人公たちは、つねに自分をにせものと感じ、どうにかして「本来の自分」を取り戻したいと焦慮する青年たちである。この感情は、土地を所有する定着農民の感情ではなく、いわば故郷を奪われて流浪する者の感情である。この「自己回復」の欲求は、現在の自分をにせものと看做す価値判断から生じたものであるから、とりもなおさず「自己処罰」の欲求だともいえる。

（われらの文学18「大江健三郎」解説「自己回復と自己処罰」一九六五年一一月）

江藤は芥川賞以降の大江作品に戦後の日本人が求めた「自己回復」「自己処罰」の欲求を読み取ったわけだが、同じような人間観が一九八五年あたりを境に若者向けのポップスにも表れたのは先に挙げた通りである。そしてＡＫＢ48「RIVER」は、大江が描いた「自己回復」の欲求が巡り巡って倒錯した形で表出したものと考えられる。それはとりもなおさず、「自己回復と自己処罰」の文学の臨界点であったといえる（「RIVER」以降、ＡＫＢ48はこれほどの明確なメッセージソングを発表していない）。

確かに、ＡＫＢ以降と呼ばれるようなアイドルグループの多くは、ＡＫＢのようなベタでマジメなメッセージを送るということをほとんどしていない。周到に「残念」なキャラクターを設定し、演じきる。そのような処世術を多くの地下アイドルや地方アイドルたちは身につけているように私には見える。

それはもはや、前近代でも近代でもない、ポスト近代の女性の自我なのであろうか。そして「残念」な自我が、果たして他者や自己を傷つけることはないのか。「残念」に生きるリアリティを見出すことは可能なのか。

さやわかによれば、「残念」の概念が見られるようになったのは二〇〇七年ということだ。私たちはそのようなつかみどころのない自我の萌芽から、まだ七年しか生きていないことになる。

（注）

（1）渡辺美里（一九六六～）歌手。一九八五年、シングル「I'm free」でデビュー。「My Revolution」は四枚目のシングルで、四四・五万枚のセールスを記録した渡辺自身の代表曲。と同時に作曲を担当した小室哲哉の代表曲のひとつでもある。

（2）『ミュージック・マガジン』：一九六九年に創刊された日本の音楽雑誌。「クロス・レヴュー」は創刊当初は「今月のレコード」というタイトルで事実上、現在まで四五年にわたって続いている名物企画である。創刊者の中村とうようは、クロス・レヴューは「『ミュージック・マガジン』の重心を支える背骨みたいな存在だ」と述べている。

（3）本書ではあえて、各楽曲の作詞者についての言及は控えている。というのも筆者の考えでは、流行歌とは「誰が作詞したか」よりも、「誰のパフォーマンスによって大衆に受容されたか」のほうが重要と考えるからである。美里のファースト、セカンドアルバムの楽曲のほとんどは職業作詞家の手によるものだが、サード以降のほとんどの楽曲は美里自身が手掛けるようになる。しかし、そのコンセプトはキャリアを通じて一貫している。「渡辺美里」というコンセプトが記号的であったことの証左である。

（4）もし、「きみ」呼ばわりするようなホステスとかキャバクラ嬢がいたら、なにを飲んでも酔えないであろう。

（5）高橋みなみ（一九九一〜）ＡＫＢ48の主要メンバー。ＡＫＢ48グループの総監督を務めている。いつも泣いている。

（6）ヘンリー・ダーガー（一八九二〜一九七三）作家、画家。代表作に「非現実の王国で」がある。七人の少女戦士、ヴィヴィアン姉妹が主人公である。彼女たちは物語のなかでしばしば残虐な拷問に遭う。残された挿画には少女たちに男性器がついていることが多く、これについては様々な解釈がある。

（7）大江健三郎（一九三五〜）小説家。大江の初期作品、「奇妙な仕事」や「死者の奢り」は、いずれも大学の学生課でヘンなアルバイトを紹介されて行ってみると野犬殺しとか暗い地下室の水槽にプカプカ浮かぶ人間の死体を移動させる、といった人のイヤがる肉体労働なのだが、結局徒労に終わるというものだ。「死者の奢り」には主人公の学生、女子学生、担当者のおじさんの三人が登場するが、仕事が仕事だけに殺伐としたコミュニケーションである。現代の非正規労働の現場の心象にも通じるように思う。

　ところで「死者の奢り」の水槽とはどんなサイズのものだったのだろう。大人の人間の死体が何体も浮いているとなると泳げるぐらい巨大なもののはずである。それが二個あることになる。相当広い地下室でないといけない。しかしそのような描写はない。このディティールへのこだわりのなさも大江という才能の不思議なところである。

II　ポジティブ思想とネオ漂泊民の戦後

第5章　漂泊民の証としてのポジティブ思想

1　「ポジティブ」だった永田洋子

これまで女性の近代的自我をめぐる問題系について、アイドルを手掛かりに考察を続けてきた。ここからは、さらに「漂泊民」という概念を措定し、女性、ひいては戦後の日本人の自我の変遷について考えていきたい。そのモチーフとしてまず私が選んだのは、連合赤軍女性指導者の永田洋子(1)である。

永田は東日本大震災の前月、二〇一一年二月五日に東京拘置所で獄死した。永田の人生は大きく三つの時代に分けることができる。一つめは一九七二年に妙義山中で連合赤軍最高指導者の森恒夫とともに逮捕されるまで。そして一九九三年に死刑が確定するまで。最後に二〇一一年に獄死するまで。この死刑確定後の九〇年代、永田は脳腫瘍と闘いながらも様々な創作活動に励んでいる。高橋檀『語られざる連合赤軍――浅間山荘から30年』(彩流社)に、そのあたりの状況が語られている。

このころ、新しく関わりはじめた支援者が発行していた「お元気？通信（6号）」には、永田の獄中生活の感想を主題にした雑文や、ボールペン画、川柳などが掲載されており、この本に川柳の一部が紹介されている。ここで筆者は立ち止まってしまったのだ。

耐えかねるでも耐えるしかない獄の中
人生って哀しく楽しい深いんだ
前向きに奮闘したい最後まで
悲しさと悔しさかみしめて生の意味
悲しさと悔しさ秘めて無様な生
助け神そのうちくるだろ待ってます

（前掲書）

これらの作品を読むと、筆者は実に奇妙な感慨にとらわれる。これがあの、日本中を震撼させた大量リンチ殺人事件の首謀者の言葉なのだろうか、と。妙に明るくポジティブだが、温かみが感じられない文章。ひとことで言えば稚拙な表現と感じたのである。

永田作品とJポップの通奏低音

永田は元夫で同じく死刑囚であった坂口弘の短歌に影響を受け、川柳をはじめたと高橋本にある。坂口の短歌は事件を正面から見つめるものがほとんどで、重く、ただし文学性の認められるもので、歌壇においても高く評価されている。

いっぽう永田の世界は坂口とはまったく違う。無論、死刑囚の作品が必ず重く、暗いものでなくてはならないということはない。自身の過ちを直視する内容だけが創作ではない。しかし永田作品からは、少なくとも筆者には、永田洋子という人物の人生や歴史がなにも見えてこないのである。これらの作品からは平面的な、イラストのような人物しか浮かび上がってこない。坂口の重厚な表現とは対照的なのだ。

しかし、声に出して読んでみると何かに似ている、とも感じる。つまり永田の言葉とは、この時代、九〇年代のJポップと呼ばれる大衆歌謡の歌詞によく似ているのである。

坂口は一九九三年に「坂口弘歌稿」を発表している。そう考えると、永田がこれらの創作を行ったのは九三年以降ということになる。高橋本の別の箇所では九五年八月発行の「お元気？通信（13号）」とあることから、これらの作品は九三年～九五年ごろに創作されたと推測できる。

この時代の歌謡曲といえば、小室哲哉やビーイング系と呼ばれる量産型のヒット曲がチャートを賑わせた時期である。ミスター・チルドレンもこの頃にブレイクを果たした。彼らの作品の主な特徴は、人間や人生に対して異常に前向きな思想である。従来的な歌謡曲や演歌にみられるようなうらぶれた生き様とか死への憧れ、あるいは悲恋といったマイナスの感情や感傷は、どういうわけかこの時代の歌謡から無言のうちに排除されていった。

無論、当時五〇歳近かった永田が、獄中でこれらの若者向けの歌謡曲の影響を受けたとは考えにくい。そもそも獄中において、どれほど若者文化の情報を得ることができるものなのだろうか。

それにしてもメロディをつければそのままこの時代のヒット曲になりそうな、この無難で定型的な前向き加減はどういうことか。むしろ、永田がこの時代の気分に同期していたと考えるほうが自然だとは言えないだろうか。大衆歌謡から人間の愚かさや、人生の辛さ、悲しさといったマイナスの感情が排除され、前向き一辺倒へと突き進んでいったこの時代の気分、それをなぜか永田は感じ取っていた、と。

なにしろ永田自身、死刑囚であり、脳腫瘍と闘う闘病者でもあった。戦後犯罪史のなかでも、際立って数奇な人生を歩んできた人物である。そんな彼女が、まるで匿名のような平面的な主体しか感じられない言葉を紡ぐ意味を、私は立ち止まって考えてみたい。

2　ポジティブ歌謡が意味するもの

前章において、渡辺美里「My Revolution」が、若者向け歌謡曲における近代的自我の発露の嚆矢だと説明した。この後、若者向けの歌謡曲はJポップという呼称が定着し、ますます平面的で前向きな自我を描くようになる。

この九〇年代のJポップの平面的な主体、前向きな思想のヒット曲には、いくつかの特徴がある。

まず、物語構造（ナラティブ・ストラクチャー）として、「なにか困難に直面していて、くじけそうだ」という状況設定があり、「しかし、なにか（出会いとか）をきっかけに強く生まれ変わり、困難な状況を克服する、またはそれを誓う」という展開である。このドラマが手を替え品を替え登場する。

そして、そのポジティブ思想自体は明確なものの、ジェンダーが不明確になってゆくという点も特徴的である。つまり、「～だわ」「～かしら」といった女言葉に代表されるような女性性が、この時代から排除されてゆくのである。たとえ恋愛を扱った作品であっても、どこか友人に話しかけるようなトーンとなる。演歌、歌謡曲が培ってきた、「男らしさ」「女らしさ」といったドラマツルギーが通用しなくなるのである。

これは永田の川柳にも言えることで、主体が女性なのか男性なのか判然としない不明瞭なジェンダーの文体と、とにかく困難に立ち向かっていくというテーマ一辺倒の世界は、じつにJポップ的なのだ。

「怒り」「うらみ」「やけ」「あきらめ」の消失

このポジティブ歌謡の感性はなにも、小室哲哉や坂井泉水、桜井和寿ら当時三〇代以下だった若い世代だけの感覚ではなかった。

たとえば永田の二つ年下で、同じ団塊世代の小田和正は、一九八九年にオフコースを解散したあとソロヴォーカリストとして活躍するが、九〇年代の小田の楽曲は、八〇年代の（主に失恋や別れをテーマとした楽曲が特徴だったとされる）オフコースの作家と同一人物とは思えないぐらいポジティブ化する[2]。恋愛の教祖と呼ばれた松任谷由実は、「Hello,My Friend」（九四年）でジェンダーが不明瞭となる。武田鉄矢は一九七二年の海援隊のデビュー以来、複雑な人間模様や感傷を描いてきた作家だが、「声援」（八八年）において「困難に立ち向かう、あなたに声援を送る」というポジティブ歌謡の単純な物語構造をそのまま使用する。そして「船頭小唄[3]」（二三年）以来の流行歌の伝統ともいえる、うらぶれた人生、やぶれかぶれの感情といったネガティブな人間観はこの頃、ぱったりと姿を消してしまう。

見田宗介は『近代日本の心情の歴史』のなかで、明治以降の流行歌の歌詞にみられるモチーフを大きく「怒り」「うらみ」「やけ」「あきらめ（未練）」に分類している。この中で明治一〇年代から二〇年代にかけての明治維新の時代には集中的に「怒りの歌」が登場するが、大正期に入るとパッタリ姿を消し、代わって「うらみ」と「やけ」が流行歌の心情の中心をなすようになる、とある。それは戦後の今日（これが書かれた一九六七年ごろ）まで連綿と続くが、昭和以降に大きな比重を占めるのは「あきらめ」と「未練」の感情の複合であると指摘している。

確かに七〇年代以降のフォーク、ロックにまで目を向けてみても、中島みゆきのヒットの多くは「うらみ」や「未練」が多くを占めるものだし、オフコースのラブソングもこの分類では「未練」に該当するだろう。

見田は「怒り」の心情は明治期の一時期に集中しており、明治末年を境に姿を消している、と言うが、七〇年前後のロック、フォークの夜明けの時代には岡林信康、友部正人、高田渡、遠藤賢司、遅れて泉谷しげる、吉田拓郎、ロックでは頭脳警察などが「怒り」を表明している。一九七〇年代後期にはスターリンやＩＮＵなど日本のパンク勢が、また、一九九〇年代の日本のラップ・ヒップホップの黎明期に、マイクロフォン・ペイジャーのムロ、ツイギー、雷のユウ・ザ・ロック、リノ、キングギドラのジブラやＫダブシャインなどが、社会や音楽シーンへの異議を唱えている。

しかし、振り返ってみると、彼らの「怒り」の時代はフォークなら一九六九年から一九七二年、パンクなら一九七八、一九七九年、ヒップホップなら一九九三年から一九九六年ごろに集

郵 便 は が き

料金受取人払郵便

神田局
承認

1010

差出有効期間
平成28年2月
28日まで

101－8791

507

東京都千代田区西神田
2-5-11出版輸送ビル2F

㈱花 伝 社 行

ふりがな
お名前

お電話

ご住所（〒　　　　　　　　）
（送り先）

◎新しい読者をご紹介ください。

ふりがな
お名前

お電話

ご住所（〒　　　　　　　　）
（送り先）

愛読者カード

このたびは小社の本をお買い上げ頂き、ありがとうございます。今後の企画の参考とさせて頂きますのでお手数ですが、ご記入の上お送り下さい。

書 名

本書についてのご感想をお聞かせ下さい。また、今後の出版物についてのご意見などを、お寄せ下さい。

◎購読注文書◎

ご注文日　　年　　月　　日

書　　名	冊　数

代金は本の発送の際、振替用紙を同封いたしますので、それでお支払い下さい。（2冊以上送料無料）

なおご注文は　FAX　03-3239-8272　または
メール　kadensha@muf.biglobe.ne.jp
でも受け付けております。

中しており、その時期を過ぎると忽然とそのモチーフは中心ではなくなる。その意味で見田の「怒り」の分析は正しい。

「ネオ漂泊民」の登場

しかし、一九九〇年代を代表する「ジェンダー交差」の「ポジティブシンキング」歌詞は、見田の四分類のどれにも当てはまらない。強いて言うなら、見田前掲の戦後歌謡の項で登場する「無常感と漂泊感の歴史」の、「漂泊感」の心情の後継と考えるのが妥当ではないかと思う。見田は「無常感」を時間的な変化の意識を前提とするのに対し、漂泊感は空間的な変化の意識を前提とする、と定義している。この無常感、漂泊感の心情の代表は、やはり昭和初期の股旅ものである。そして戦後にやくざや博徒を主人公にした演歌へと受け継がれる。そしてその源流は、日清戦争時の軍歌にあるという。「婦人従軍歌」(明治二七年)、「雪の進軍」(明治二八年)などがそうである。

このような軍歌、股旅ものに代表される「無常感と漂泊感の歴史」の最後に「My Revolution」を置くと、ここに明治以降の日本人の心情の歴史が浮かび上がってはこないだろうか。見田はこの、「無常感・漂泊感の歌謡」の特性を次のように指摘している。

無常感・漂泊感に共通するもう一つの顕著な特性は、変化がつねに、自我もしくは超越者の意思によってあらかじめ定められたスケジュールにしたがうものとしてではなくて、未来に関する不確定性の意識をともなうことである。したがってそれが、未来のゆく先について感心をそそぐばあいも「ゆくえさだめぬ」、「明日はいずこの町か」といった表現をとる。このようないわば没意思的な変化にともなうたよりなさ、はかなさ、むなしさの感覚が無常感であり、漂泊感である。（前掲書）

この、見田が例としてだした没意思的な変化の中の表現「ゆくえさだめぬ」「明日はいずこの町か」の現代的な展開が、美里の「明日を乱すことさ」と捉えてみたい。つまり、「明日を乱す」とは、未来が不確定性のなかにあることを前提としている。従来の歌謡曲が広義の股旅ものであるという前提のうえで、近代的自我という理論を導入することで未来を取り戻そうという主張が読み取れる。

この「My Revolution」の論理は、まさにルネッサンスと呼ぶべき勢いで他の歌謡曲の心情に波及していく。その過程にTMネットワーク「Self Control」（一九八七年）の「明日のことなど誰もわからない」や、「Seven Days War」（一九八八年）には「明日をさえぎる壁　乗り越えてゆくこと」のような同時代的な表現が登場する。さらに一九九〇年代に入ると、前述の桜井和寿、坂井泉水、吉田美和、小室哲哉といったこの時代のヒットメーカーたちによって、この「ネオ漂泊感」の表現は前面化する。見田は従来の股旅もののような漂泊感とは、共同体の世界の中に自我が安住しているような前近代の社会の中には、普遍的にはみられないと言う。

共同体的な世界の中で形成されてきた自我が、否応なしに、「近代」的な環境の中に投げだされたときの、わびしさ、たよりなさ、やるせなさこそ、これらの歌の心情のモチーフではなかっただろうか。このような前近代と近代との境界領域に発生する社会構造とパーソナリティ構造との矛盾は、外側にも内側にも支柱をもたない自我を生み出す。それはまさしく「水草」であり、「枯れすすき」であり「捨小舟」であり、「浮世の渡り鳥」である。（前掲書）

しかし一九九〇年代歌謡には、「明日を乱す」「セルフ・コントロール」「壁を乗り越える」といった、支柱をもたないながらも未来を描こうという感覚が見てとれる。無論、これらの歌の心情に共感したのは、「農村共同体的な世界で自我を形成した世代が、産業構造の変化のなか、都市に流入した『漂泊第一世代』があり、このような従来的な漂泊を経た世代の息子、娘の一群」、すなわち団塊ジュニアと呼ばれる人たちであった。つまり、親の世代の漂泊への抵抗としての、「ネオ漂泊」であったのだ。

しかし、その新しい漂泊の価値観は、たった二〇年ほどで「深い川を渡れ、辛くとも」と訴えるＡＫＢ48「RIVER」のような袋小路へと結実してしまう。この「ネオ漂泊」のひとつの結論ともいえる「RIVER」が、秋葉原通り魔事件と派遣村問題の翌年に発表されたのは偶然ではないはずだ。

それでもこの「ネオ漂泊」は、それまでの戦後歌謡曲に連綿と歌い継がれてきた「うらみ」「やけ」「未練」を一掃するほどのパワーを有していたのは事実で、この時代に辛うじて「未練」の歴史を引き継いで一定の成功を収めたのは、シャ乱Qのつんく♂ぐらいではないだろうか。

3　ネオ漂泊民としての永田洋子

そして永田の川柳に戻る。永田の言葉には明らかに前時代の「漂泊感」を経て、「ネオ漂泊」へ行き着いた心情がみてとれる。永田の言葉は、農村的な共同体で形成された自我が見られず、また、彼女がかつて属していたような政治的コミュニティにも依拠していない。まさに漂泊民特有の前向きさなのだ。

今一度、「ネオ漂泊」表現の特性について考えてみたい。「ネオ漂泊」に共通しているのは、自らが漂泊民の子息であることを自覚している点にある。つまり、農村的な共同体を経験しないで成人した人々であること。そして漂泊者という事実を正面から受け止め、ポジティブに変換する、という手続きを踏む点にある。とはいえ、ポジティブに変換するに当たって、どのような見通しで、勝算があって、「明日を変える」などと言い切れるのか、根拠はまったく不明なのも共通している。

これが若い世代特有の「世間知らず」ゆえ、という指摘は当てはまらない。小田や武田のような年長者も、相当に無根拠な声援を送っているからである。

そしてもうひとつは、クロス・ジェンダー表現であるという点が挙げられる。たとえば永田と同世代の歌人、道浦母都子は、学生運動に関わった経験を多くの短歌に詠んでいるが、坂口同様、運動の過去を見つめる視点と、強く女の性を意識した作風でしられる。しかし、永田作品にはそれが感じられないのである。永田もまた、運動に目覚めるきっかけが婦人解放問題だったと、著書『十六の墓標（上）』（彩流社）で述べている。

ところで、共薬大（筆者注：共立薬科大学、現慶應義塾大学薬学部）は女子大であった。私は、どうして男女共学の大学でなく女子大へ行ったのだろうかと考えないわけにはいかない。女子大に行くことによって中学、高校、大学と十年も、それも成長期という大切な時期に、女子ばかりの小社会のなかで過ごすことになることをどのように考えていたのだろうか？　当時は少なくとも否定的には考えてはいなかった。共薬大の校歌は与謝野晶子作詞となっており、女性が職業をもつことを謳歌するものであった。これにたいし私はその通りだと思った。その頃はまだ婦人解放を考えるまでには至っていなかったにせよ、女性の自立という志向はあった。にもかかわらず、女性だけの小社会に長くいることに全く疑問を感じて

いなかった。（前掲書）

その後、社会科学班というサークルに入った彼女はスターリンの「婦人論」、レーニンの「青年・婦人論」、ベーベルの「婦人論」、ミルの「婦人論」などを読み漁ることとなる。これらの事実は永田がのちにフェミニズムと呼ばれることになる感性を少なくとも運動に関わる前の大学入学時から持っていたことを示している。そしてこの、『十六の墓標』をはじめとする永田の著書は、生硬な文体で、女性の立場からどのように運動とかかわっていったかが克明に記されている。それにしても、この本の作者と前掲の川柳が同じ作者とはとうてい信じられない。

また、前掲の川柳に見られる、過去の自分の抽象化、ジェンダーを曖昧化してゆくような表現は、同時期に発表されたボールペン画にも見られる。大塚英志が『「彼女たち」の連合赤軍』（角川文庫）のなかで指摘しているのは、一九八七年ごろには理系らしい正確な観察眼で表わされた細密な画風が、一九九〇年代に入ると「キャラクター化」していったという点である。

だが、二つの作品の違いは決定的である。「87・6」の絵において、看守を含めた人物の「キャラクター化」がなされていることは指摘したとおりだが、「92・5」の絵においては「キャラクター化」の度合いがはるかに進展している。すなわち、前者ではアーモンド型であった目は黒丸となり、鼻孔がかすかに描写されていた鼻は正面向きの絵には描写されなくなる。つまり、新しい方の作品ではまるで「ちびまる子ちゃん」のようなレベルにまでキャラクター化が進展するのである。（前掲書）

一九八〇年代には正統な人物画であった永田のボールペン画は、一九九〇年代より単純化していき、永田自身の姿は二等身の「ちびまる子ちゃん」化していくのである。

この事実は、川柳のネオ漂泊表現と無縁ではないはずだ。「ちびまる子ちゃん化」「キャラクター化」とはすなわち、クロス・ジェンダー化の問題も含む。また、自然主義の文学の前提にあるような、「一回性の人生を生きる」リアリズムを脱臼させる技法でもある。人間的な深みや陰影を失わせる表現である。坂口や道浦の表現が、年齢を経てますます自然主義化、「人間の陰影、深み」化していくなかで、永田の表現は、細密な描写のボールペン画や生硬で長大な自分史を書き上げたあとに、平面的なキャラクター化へと進行していったのである。

彼女はＪポップのような川柳や二等身のマンガ絵しか書けなかったのではなく、自らその技法を選択していった。永田のような直情径行型、生真面目タイプの女性が、どこか自らをおどけて茶化すような画風を選択した意味。あえて平面的な、自然主義的な深みのない文章表現を選び取っていくことの意味を考えてみたい。

4 近代文学としての永田洋子

ジェンダー性の曖昧な川柳の言葉、二等身の平面的なキャラクター化してゆく画風。こういった永田の表現の変化と、九〇年代の歌謡曲の心情の変化は奇妙にシンクロしている。そして歌謡曲のほうは、六〇年代までは心情の中心をなしていた、「うらみ」や「未練」といった要素が一掃され、一気にポジティブシンキング化してゆく。この変化のなかで、歌謡曲に描かれる感情や人間像は極限まで単純化されてゆく。

ここで改めて、九〇年代型ポジティブシンキング歌謡の嚆矢であるところの「My Revolution」の論理を確認しておきたい。

まず、この歌の主人公は「Sweet Pain」と呼ばれるような躓きなり、失敗を犯している、という前提で物語ははじまる。しかし、内面での格闘の末、「きみと出会った」という事象に過剰な意味づけを行う。それは、「夢を追いかけるということは、定められた、見田宗介言うところの『未来に関する不確定性の意識』を振り払い、未来を自分の意思で切り拓いてゆく」ということを理解するために「きみに出会った」、というような意味づけである。まとめると、

①当初、主人公は共同体から切り離された、不安な状態に置かれている。

②そしてその不安は、共同体からの支援や補助などによって解決するのではなく、「意識改革」という、コストはかからないものの効果の見込みの薄い方法によってなぜか一挙に解決する。

という論理で構成されている。

発見された「風景」

この曲が近代文学である所以は、「非常階段」や「空き地のすみに倒れたバイク」「壁の落書き」といった、「風景」が描かれている点にある。柄谷行人は『日本近代文学の起源』において、「内面」とともに「風景」が発見された点が近代文学の特徴と指摘している。たとえば、国木田独歩「武蔵野」「忘れえぬ人々」においてありふれた風景が描かれる。しかし、日本の小説で「風景としての風景」が自覚的に描かれたのは、これが初めてだとしている。この「風景」を考えるうえで重要なのは、「風景」は、ある倒錯を経て見出されるものだということである。

すでにいったように、風景はたんに外にあるのではない。風景が出現するためには、いわば知覚の様態が変わらなければならないのであり、そのためには、ある逆転が必要なのだ。

（中略）この人物（筆者注：「忘れえぬ人々」の語り手）は、どうでもよいような他人に対して「我もなければ他もない」ような一体性を感じるが、逆にいえば、眼の前にいる他者に対しては冷淡そのものである。いいかえれば、周囲の外的なものに無関心であるような「内的人間」inner man において、はじめて風景は見出される。風景は、むしろ「外」をみない人間によって見出されたのである。（前掲書）

「非常階段」や「壁の落書き」といった「風景」は、実際にこの歌の主人公が見た景色ではなく、ここで柄谷の指摘するような「知覚の様態」の変化によって見出されたものである。「きみに出会って、自分は変わった」というような倒錯を経て、出現した風景なのだ。

このような歌謡曲における「内面」の発見、「風景」の発見の起源を探るならば、七〇年前後の日本のフォークの黎明期に行き着くことになる。友部正人や遠藤賢司などがその最初期の作家と考えられる。しかし、本書のような文脈、つまり日本のロックが商業的に成立するようになった八〇年代以降という範疇で近代文学の表現の起源を探るなら、やはり尾崎豊の登場がその起源と考えざるをえない。

尾崎は「内面」「風景」「告白」といった、柄谷の挙げた近代文学の条件をこの時代の商業ロックに持ち込んだという点で、画期的な作家であった。「My Revolution」ですら、尾崎以降の文脈に依拠しているといえるし、九〇年代型ポジティブシンキング歌謡は尾崎をより商業的に洗練させたもの、ということができるかもしれない。そのようなポジティブ歌謡が前面化するとば口の九二年に尾崎が急死したことは、偶然とはいえ、なにか符合めいたものを感じて奇妙な気持ちになる。

この尾崎の作風に大きな影響を受けた代表的な作家といえば、ミスター・チルドレンの桜井和寿だが、彼の歌詞には人生を、「高い壁を乗り越える」や困難な登山に喩えるといった表現がよく登場する。たとえば「終わりなき旅」（九八年）などに「不確定性の未来」を「高い壁のほうが登ったとき気持ちいいもんな」「まだ限界だなんて認めちゃいないさ」と自分の意思で切り拓こうとする自我が描かれる。ここにも近代文学が顔を覗かせる。

この「高い壁」や「困難な登山」のイメージ。柄谷はこういったイメージこそが、「風景の発見」のルーツであるという。『告白録』のなかでルソーは、一七二八年にアルプスにおける自然との合一の体験を書いている。

それまでアルプスはたんに邪悪な障害物でしかなかったのに、人々はルソーが見たものを見るためにスイスに殺到しはじめた。アルピニスト（登山家）は、まさに「文学」から生まれたのである。（中略）総じて、ロマン派あるいはプレ・ロマン派による風景の発見とは、エドマンド・パークが美と区別して崇高と呼んだ態度の出現に他ならなかった。美がいわば名所旧跡に快を見出す態度だとすれば、崇高はそれまで威圧的でしかなかった不快な自然対象に快を見出す態度なのである。そのようにして、アルプス、ナイアガラの滝、アリゾナ渓谷、北海道の原始林――などが崇高な風景として見出された。明らかに、ここには転倒がある。（前掲書）

カントがのちに指摘したように、アルプスのような圧倒的で、人を無力にさせるような不快な対象にこそ、人間の内なる無限性が確認される。つまり、不快で辛い体験や経験こそが逆に大きな快をもたらす、という転倒がここに起きる。「終わりなき旅」はまさにルソー、カントの議論をそのまま受け継ぎ、九〇年代の日本人に近代文学の「風景」を提示した。

しかし、九八年の時点では「高い壁のほうが登ったとき気持ちいいもんな」というような楽天的な見通しも語られたが、二〇〇九年のAKB48「RIVER」では、アルプスのような圧倒的存在の変奏として、「川」が登場する。そしてここでは、「広く　大きな川だ　暗く深くても　流れ速くても　怯えなくていい　離れていても　そうだ向こう岸はあるよ」と悲壮感すら漂ってくる。一般に、「RIVER」とは人生応援歌だと言われている。しかし、戦後歌謡史に「RIVER」を置いたとき、むしろ「人生応援歌」がもはや単純には成立しない、困難な社会状況について描写したものだとわかる。

こういった経緯を考えたとき、永田の川柳や彼女が九〇年代に残した表現が技術的な稚拙さゆえの平板な表現なのでなく、同時代の、たとえば桜井和寿のような表現者と不思議と思考が同期していたといえなくはないだろうか。近代文学を同じ目線で捉えていたのだとは考えられないか。

（注）

（1）永田洋子（一九四五〜二〇一一）元連合赤軍メンバー。一九七二年妙義山中で森恒夫とともに逮捕される。その後、発覚した複数の総括リンチ、殺害事件の指導者であるとして一九九三年、死刑が確定した。二〇一一年、東京拘置所で獄死した。享年六五であった。晩年は脳腫瘍のため、寝たきりの状態であったといわれている。

（2）オフコースの代表曲のほとんどは「別れ」「失恋」「後悔」などが基本線となっている。概ね、「自分の弱さ、至らなさをメソメソと反省している」という内容で、小田が見田宗介の言う「漂泊」の歌の系譜の作家だとわかる。小田は一九八九年にオフコースを解散し、一九九〇年にファースト・ソロアルバム「Far East Café」を発表するのだが、このなかに「time can wait」という曲が収録されている。エイトビートのロックナンバーだが、異常にポジティブな歌詞に驚く。「夢を追いかける人のために　時は待っている　もう振り返らないで迷わないで」という内容だが、未だバブルの熱狂が継続していた九〇年にここまで素朴な人生応援歌がひっそりとアルバムに収録されていたことは重要だ。というのも、ここまで屈折のない、素朴な応援歌は八五年以降の状況では考えられなかったからである。前述のマキタスポーツの言う、「メタ視点」のようなニヒリズムが圧倒的支持であった九〇年に「time can wait」は場違いな一曲だったはずだ。

しかし、翌九一年に槇原敬之の代表的ポジティブソング「どんなときも。」が大ヒットする。そしてそれに続くようにミスチル、ゆず、コブクロといった人生応援歌の代表グループがやがて九〇年代を席巻することになる。つまり、小田は圧倒的に早かったのだ。のちに小田はミスチルの桜井、ゆず、コブクロらと共演している。

（3）「船頭小唄」：野口雨情作詞、中山晋平作曲による流行歌。悲恋や哀愁を描いた歌謡曲の嚆矢といわれる。流行歌の無常感、漂泊感の心情の初期の代表である。一九二三年に中山歌子によって初めてレコード化される。一九七四年に同じテーマ性をもったさくらと一郎「昭和枯れすすき」もヒットした。

第6章　実存とキャラクターの分水嶺

1　「水筒問題」で試された近代人としての生き方

一般に永田洋子とは、「摘発癖があり、仲間の些細な欠点や失敗を指摘し、次々と仲間を殺害していった大量リンチ殺人の首謀者」として認識されている。たとえば、一九八二年東京地裁（中野武夫裁判長）の統一公判の判決だ。連合赤軍研究において「中野判決」と呼ばれる悪評高いその判決文に、永田の世間的な認識を垣間見ることができる。

中野判決は永田洋子、坂口弘に死刑、植垣康博に懲役二〇年を求刑したものだが、この判決のポイントは、事件を「あくまで被告人永田の個人的資質の欠陥と森の器量不足に大きく起因」したものであると指摘し、永田の性格を「自己顕示欲が旺盛で、感情的、攻撃的な性格とともに強い猜疑心、嫉妬心を有し、これに女性特有の執拗さ、底意地の悪さ、冷酷な加虐趣味が加わり、その資質に幾多の問題を蔵していた」と見做している点にある。この判決はのちに女性蔑視であるとしてマスコミに叩かれることになる。

とはいえ、未だ永田の世間の認識とは中野判決からさほど離れてはいないのではないか。たとえば、インターネットで「永田洋子」と検索すると、上位に上がってくるサイトや文章は往々にして中野判決に準じたような彼女への罵詈雑言の数々である。

しかし、永田の手記『十六の墓標』やメンバーの手記、植垣の『兵士たちの連合赤軍』や坂東国男『永田洋子さんへの手紙』、坂口弘『あさま山荘1972』、加藤倫教『連合赤軍少年A』などから浮かび上がってくるのは、生真面目で猪突猛進型のエキセントリック体質の人物であったのは間違いないが、決して猟奇的な趣味を持った変人などではなかったということである。

永田の「近代的」回答

これらの著書に必ず登場するのだが、一連の総括リンチ事件を誘発する原因となった最初の問題とは、「水筒問題」であるとされている。

簡単にまとめると、連合赤軍とは赤軍派と革命左派の二つの組織が半ば野合してできたものであるが、その両組織が共同軍事訓練を行うにあたって、赤軍派指導者森恒夫は、主導権を握るため永田率いる革命左派に、「山岳で訓練するにあたって水筒を持ってきていない」ことを下部の兵士に次々に批判させた、というものだ。この赤軍派の批判は、訓練を中止にせざるを得ないような深刻な雰囲気すら醸成した。永田は手記のなかで「今から思えば、訓練を中止し、革命左派の自主性を守り抜くのが正しい判断だったかもしれない」と述懐している。
この問題は結局、永田が自己批判することで決着し、一時的とはいえ、赤軍派は訓練の主導権を握ることになった。しかし、永田や革命左派の者にとってはわだかまりの残る自己批判であり、この意趣返しとして後に「遠山批判」が起こる。
ここから大量のリンチ殺害へと向かっていくことになるのだが、本書はこのリンチ事件そのものを考察するものではない。ここで問題となるのは、このときの永田の自己批判の論理がまさに、前述した「My Revolution」の「不安な状態→意識改革で乗り越える」を見事に踏襲しており、永田がなにより戦後教育をまっとうに受けた近代人であったことを窺わせるものだということである。

やはり、水筒を持ってこなかったのは誤りだから自己批判します。水筒を持ってこなかったことは誤りなので今後は気をつけますが、不備などに精神力で対応することは、私たちの闘いにとって大いに必要なことだと思う。このことを無視して批判するのは正しいといえないと思う。

（永田洋子『十六の墓標（下）』彩流社）

ここで、森は肩すかしを食らったような顔をして黙った、と永田は述べる。しかし植垣康博

『兵士たちの連合赤軍』（彩流社）によれば、「それまでの邪険な雰囲気はなくなり、なごやかになった」とある。坂東は『永田洋子さんへの手紙』のなかではっきりと、水筒問題は主導権を握るための口実であった、と回想している。

十二月の初めごろ永田同志達九人が、共同軍事訓練のために入山しましたね。永田同志達が水筒をもってこないというので、私達赤軍派の全員が、「どうして水筒をもってこなかったのか」といったことがありますよね。セクト的に、あなた方より武闘――軍事のこと、山岳のこと――を真剣に考えているということを示すことによって圧倒しようとしたんですよね。

（坂東國男『永田洋子さんへの手紙』彩流社）

永田はこのときの対応を、「訓練を中止にして山を降りるべきだった」と後悔しているが、筆者は組織の指導者としては正しい対応だったのではないかと思う。なにより個人の一時の感情の昂ぶりで訓練そのものを中止にするようでは、それ自体、指導者としての資質を疑う。この一件をとっても、中野判決のような「自己顕示欲が旺盛で、感情的、攻撃的」な性格とは真逆の、組織全体の状況を鑑みて一歩引く、というようなことができる常識的な人物だったことが窺える。

このような状況に対して、批判対批判で徹底抗戦し主導権を奪い取る、という方法もあるだろう。しかし、まっとうな組織人なら、このときの永田の対応は順当なものだと認めるはずだ。ところでこの、「不備には精神力で対応する」という論理は、永田の来し方を重層的に表わしているようで興味深い。そもそも「精神力で対応」するのは見田宗介いうところの漂泊民の発想である。「浮き草」「枯れすすき」「捨小船」「浮世の渡り鳥」の世代の子女の発想なのである。永田ほどのドップリの近代教育で育っていなかったであろう森なら「不備には仲間やシンパの援助や協力で乗り越える」つまり、共同体の支援で対応する、という回答になるだろう。そういう意味では確かに肩すかしであっただろう。

永田の回答は近代文学という尺度を当てはめたとき、ほぼパーフェクトに近い。まず、自己批判を織り込んだうえで、人間の内なる無限の可能性を示唆する。この論理がほぼ、九〇年代型ポジティブ歌謡の骨子であることは前述したとおりである。そのようなポジティブ歌謡を支持した層が団塊ジュニアと呼ばれる、前近代の共同体から切り離された最初の世代の子どもたちだったのもまた必然であった。

2　漂泊民というキャラクター

ところで、大塚英志が『「彼女」たちの連合赤軍』で、永田の絵を「キャラクター化」と呼んだ、その「キャラクター」とはどういう意味なのだろう。大塚は『キャラクター小説の作り方』（角川文庫）の中で、現実の経験や出来事を写生した「自然主義」文学と「キャラクター」文学の違いについてこう述べる。

まだ10代だった手塚（治虫）が戦時下に描いたまんが「勝利の日まで」という習作があります。（中略）まんがやアニメのキャラクターというのはミッキーマウスが崖から落ちても次のシーンでは包帯を巻いてでてきてもその次のシーンでは何事もなかったかのように動き回ることができます。「勝利の日まで」でも爆弾が落ちてきてもキャラクターは顔が煤けるだけです。

「記号的」というのはこういうキャラクターのあり方を同時に意味するのです。彼らは生身の身体と違って心も身体も傷つかず、傷ついても「包帯」や「煤けた顔」や「タンコブ」という形で記号的に傷つくだけです。絵柄がいくらリアルになってもこの本質はあまり変わりません。（前掲書）

手塚はこのような「記号的」なまんがの手法を用いながらも、傷つく身体、血を流す身体を描いた。この「勝利の日まで」で機銃掃射に撃たれ、血を流すコマこそが、戦後まんがのリアリズムの源流である、と大塚は指摘する。この手塚のリアリズム志向が、のちのストーリーマンガを生むことになる、と話が続くのだが、本書におけるポイントは、「キャラクター」は傷つかない、次のシーンではなにもなかったかのように平然と動き回る平面的な存在であるということだ。

ここを念頭に置いたうえで、改めて渡辺美里のセカンドアルバム「Lovin' you」を聴きなおすと、そのほとんどの楽曲で歌の主人公は「キャラクター」のように振舞っているのがわかる。つまり、「なにかにつまずいて立ち竦んでいる」→「しかし、『君と出会った』ことを糧に、昨日までの自分を振り切って、夢に向かってすすんでゆく」という構造を何度も繰り返す。文字通り、壊れたレコードのように。そこには、自然主義文学の傷つく身体や、従来の歌謡曲に見られたような一回性の人生を生きる人間はいない。

この傾向は二〇〇〇年代に入るとより顕著になり、たとえば西野カナの歌の主人公が、「恋人に裏切られる」「辛い別れを迎える」といった、生身の人間ならば一回の経験でも相当に傷つくだろうと思われるシチュエーションを執拗に繰り返す。無論、従来の歌謡曲にも、たとえば中島みゆきや松任谷由実などにも失恋ソングはあった。しかし、そこで描かれるのは自然主義の人間観のなかでの現実的な失恋であり、西野のようなキャラクター的な、まるでコントのような別れではなかった。

これについて、共同体の希薄化、非正規労働の拡大などに伴う、人間関係の流動化などの社会状況が歌詞に反映したものではないかという考察もあるだろう。

しかし本書が問題にしたいのは、近代という概念が「より人間的であろう」という志向であるとして、近代人を描いた「My Revolution」のような歌が、結果、平面的なキャラクター、記号的人間像といった表現を誘発し、自然主義に見られたような人間の複雑さや深みといった価値を殺してしまうというパラドックス、このメカニズムそのものである。

それはそのまま、「人民を解放するための世界革命」を標榜していた連合赤軍が、目をそむけたくなるような非人間的な行為を犯してしまったパラドックスにも似ている。[1] 人間的であろう、近代的であろうという志向が結果、人間性を殺してゆくメカニズム。おそらくＡＫＢ48「RIVER」は、このパラドックスを丸ごと受け止めた、現在のアイドルソングの中では唯一の楽曲である。近代人であるがゆえに、深く、激しい川を渡らざるをえなくなる。歌詞の悲壮感から鑑みて、その成功確率は相当に低そうだが、決行せざるをえない、と歌う。

そのような現代の社会構造や人間観の矛盾を背負った歌を歌うとして、それが男性歌手ではまったく聴き手に影響しないものが、若年女性グループによって歌われることでなにか特別な感動が生じるとすれば、それはやはり、感動ではなく、倒錯だと考えるべきだと思うのだ。

3 「リアリズム」を巡る議論

ＡＫＢ48を追ったドキュメンタリー映画「Documentary of AKB48　少女たちは傷つきながら夢をみる」には、リハーサル不足や運営側の準備不足などが重なって、公演中、主要メンバーたちが次々と過呼吸などに見舞われ、バタバタと倒れていく様子がそのまま収録されている。

個人的な印象だが、映画のなかで倒れる少女たちが、私には「生身の人間が危険な状態に瀕している」という風にはどうしても見えなかった。私には彼女たちが「キャラクター」のように見えたのだった。まさに大塚の指摘した「包帯」や「タンコブ」のように、記号的な「過呼吸」に見えたのである。

無論、実際の現場ではメディカルスタッフや救急隊員などが右往左往していたかもしれない。もしかすると危うく命を落としかけたメンバーもいたかもしれない。しかし、私の目には「次のシーンでは動き回っている」キャラクターのように見えた。それはそのまま、「現代人」のあり方を示唆していたのではないだろうか。

永田洋子が描いた、ちびまる子ちゃん風の平面的なイラストのような人間像、「傷ついても夢に向かっていこう！」と連呼する、まるで永田の川柳のようなＡＫＢの歌詞。この映画における彼女たちとはまさに、悲劇とも喜劇ともつかない現代人のありようを表わしていたように思う。

江藤淳は、「成熟と喪失」のなかで、「近代産業社会とは、女に自己嫌悪を余儀なくさせるものだ。結果、女は自然としての『母』を崩壊させ、人工化、情報化していかざるをえない」（筆者意訳）と一九六七年に指摘したが、江藤は第三の新人などの文学、小島信夫の「抱擁家族」

などからこの状況を敏感に嗅ぎ取った。

四〇年以上を経て感じるのは、江藤の指摘はむしろ、現代に生きる若年女性を取り巻く状況を先読みしていたということだ。成熟した近代社会である現代において、アイドルは子ども時代が延長された社会の象徴のように、つまり人工的な身体として存在している。また、アイドルのメンバーはインターネットやSNSを通じて、どういう人物であるかの情報が随時、ファンによって蓄積されていく。たとえばAKB48ならエケペディア(2)というAKB専用の人物辞典のようなサイトがあり、日毎にメンバーのデータが書き加えられてゆく。そういったデータを当のメンバーたちもまた内面化していく。まさに江藤のいう身体の情報化である。

こういった事象はアイドルに限らず、一般人でもLINE、ツイッター、フェイスブックといったSNSなどを通じて同じようなことが起こっているはずである。こういった点から鑑みても、現代を生きる女性とは、多かれ少なかれ、広義の「アイドル」なのである。江藤は半世紀近く前にこの状況を感じ取り、「近代」が女性に強いた抑圧を正確に指摘し、これを嘆いた。

しかし、もはや国民的とまで言われるアイドル文化に対して、私も江藤のように嘆くべきなのだろうか。

というのもアイドル文化には、この文化特有の「人間性の復権」とでも呼ぶべきコミュニケーションや豊かさもまた、感じ取れるからだ。

4　実存から遠くはなれて

私がこの「人間性」を巡る議論で、まっ先に想起するエピソードは次のようなものだ。二〇〇八年に公開された若松孝二監督作品「実録・連合赤軍　あさま山荘への道程」。この映画は連合赤軍事件をありのままに再現することを目指した結果、三時間に亘る長大な作品となった。

この中のもっとも印象的なシーンは、あさま山荘内で、長兄を総括リンチで殺害された一六歳の最年少メンバーが年長者の指導部に向かって、「みんな勇気がなかったんだよ！」と叫ぶシーンである。数々の同志殺害を奇妙な理論で隠蔽し、結果、追い詰められた「革命闘争」の誤りを一番若いメンバーが糾弾するというシーンである。

しかし、「実録」と銘打たれたこの作品だが、実際には山荘内でこのような発言はなかったのである。

最後のほうで、私の弟が「あさま山荘」内で坂口ら幹部三人に向かって「みんな勇気がなかったんだよ！」と叫ぶシーンがあるが、恐らく製作者の一番言いたかったことはこのシーンなのであろう。（中略）現実には、弟がこのような発言をした事実はないし、私は「勇気がなかったから」我々の誤りを正すことができなかったとは考えていない。
それは弟も同じだと思う。

（「あれから三十六年になる」加藤倫教『情況』二〇〇八年六月号
「『実録・連合赤軍』をめぐって」情況出版）

加藤氏の見解では、誤りの根本的な原因は「革命の自己目的化」にあったという。独特の「革命理論」が組織のなかで一人歩きし、必然的に空回りし、その原因を自己組織内に求め、あのような結果になった、と。

いずれにしても、「実録」のもっとも印象的な（予告編でも繰り返し使用された）シーンが事実と異なっていたという点は、若松作品を考える上でも興味深い。加藤氏は「余りにも『実録』というには同作品は脚色や推測で作られたもので事実とは異なる場面が多すぎるという感想を抱かざるをえなかった」と憤慨しているが、映画が「興行」という側面を持つ以上、一定の脚色は行われる、と筆者は考えるものである。

「人間性」のありか

私が「人間性」を考えるうえでこの「脚色」を想起するのは、若松孝二は映画を実存主義で考えていることを窺わせるからだ。

二〇世紀文学を覆った「実存」という概念は、アニメーション作品「新世紀エヴァンゲリオン」などを通して今も、脈々と生き続けている。「他の誰でもない自分」「一回性の人生を生きる自分」。このような「実存」を生きる人間として、若松氏はあさま山荘メンバーを見つめている。土壇場で最年少のメンバーに、革命の理論ではない自分自身の言葉を語らせる。しかし、当のメンバーの一員であった加藤氏は、全員が最後まで革命戦士として戦った、と主張する。若松の「実存」に対して、当のメンバーは組織の一員として戦ったと反論するのだ[3]。

このとき私が悩むのは、人間の捉え方としてはたしてどちらが「人間的」といえるか、という点である。

稀有な経験を経て山荘にたどりついた最年少のメンバーが、自身の倫理観で自分の言葉を語る。このありかたこそが「人間的」なのだ、という若松氏の人間観は理解できる。しかし、「流れたあいつら（筆者注：総括で殺害された同志たち）の血を受け継ぐのが俺たちの闘いだ。俺たちの借りは死んだ同志たちにある。その借りを返そう」と、ARATA演じる映画の中の坂口は自分達の闘いを位置づける、革命戦士として死を賭して戦うという坂口の姿勢もまた、人間的だと思えるのだ。

だが、そんな坂口の短歌もまた、実存主義の立場で書かれている。

ただ一つの笑ましき記憶　男女して　リンチの前に腕相撲せり

この短歌は、坂口弘という、一連のリンチ事件のほとんどに立ち会ってきた稀有な一回性の人生のなかから紡ぎだされた言葉であり、まさに他の誰でもない実存の重みが読む者に迫ってくる。とくにこのリンチ直前の平和な風景の描写など、人間とはなにか、集団とはなにかを重々しく問いかけてくる。若松氏はなぜ、このような文学的なシーンを拾わなかったのだろうか。映画のなかで腕相撲のシーンはない。

5　主体＝表現という幻想の文芸批評

戦後の文学は、ともするとこの「環境や社会的立場によって隠蔽されていたその人自身の本音を我慢しきれなくなって吐露する」というプロットを、ことさらありがたがる傾向がある。若松孝二のような、日本の映画史においては傍流とされている作家ですら、そのようなドラマツルギーの影響下にあることを前述のシーンは示している。

「そのようなドラマツルギー」とはつまり、主体とパフォーマンスが結びついている表現に価値を見出す姿勢のことである。

このような姿勢は、ポピュラー音楽の世界においても顕著である。日本のロック、ポップミュージックのジャーナリズムでは、「たとえ稚拙なパフォーマンスであっても、その固有の主体と結びついていれば価値ある表現である」と評価されることがままある。たとえば、かつての引き篭もっていた日々をフォークソングに乗せて歌うとか、不良少年が更生してロックンローラーになったといったストーリーを、ことさら価値あるものとして持ち上げる傾向のことで、無論、こういったロジックと音楽の価値そのものとはなんの関連性もない。

江藤淳は意外にも、この戦後文学特有の「主体と表現がイコール」の価値観を、一九九九年に没するまで抱き続けた批評家である。少し長いが、引用してみよう。

ぼくは、知識人が果たしてそんなに偉いものかどうかという点についてはもともと疑問を抱いているのです。ぼくはその点ではプラトン主義者で、根っからのアイディアリストなんですよ、つまり理想の国家の中では詩人や文学者などは死滅すべきものと考えている。尭舜の治が行われていれば、農夫のつぶやきがそのまま詩になるはずではありませんか。（中略）そういう（筆者注：戦後日本において知識人が偉くなりうる）条件が根こそぎになっているのが、戦後日本の言語空間の特徴です。偉そうなふりをしても、言葉の意味がそのはじから消えてしまう。キツネにもらった小判のような言葉を操って、どうして文学ができるのだろう、そういう文学者が、どうして偉いことになるのだろうと、首を傾げないわけにはいかない。だからこそ、意味のある言葉、ただの記号ではない言葉を、どうやって取り戻せるかと私は考えている。実は昭和四四年から五三年までの九年間、「毎日新聞」の「文芸時評」を書き続けているあいだにも、いつもそのことを考えていたのです。

（『文学と非文学の倫理』江藤淳・吉本隆明、中央公論社）

しかし、筆者の領域である音楽批評の立場から見ると、まるで「ロックジャーナリズムのような価値観」を、江藤淳のような戦後文学とそのまま伴走してきた批評家が後生抱えていたことは不思議である。

このような、文学の形式や技術以前の問題として文学を「農夫のつぶやきがそのまま詩に」というような、作家自身の物語や自意識の問題へと還元する価値観は、ここ一〇年ぐらいの音楽批評の現場においては「ロキノン批評」（ロキノン＝株式会社ロッキング・オン社の刊行物）などと揶揄されることがある。円堂都司昭は『ソーシャル化する音楽「聴取」から「遊び」へ』（青土社）のなかで、この国内特有のロックジャーナリズムを手短に説明している。

一方、現在、音楽に関する語り方の一つの定番と化しているのが、ロッキング・オン批判だ。インターネット上では「ロキノン」の蔑称で呼ばれているこの出版社は、（中略）音楽に関する自分語りを蔓延させた元凶として批判されることが多い。佐々木敦、津田大介、田中雄二、増田聡、栗原裕一郎などなど、ここ十数年の間で音楽に関する優れた論考を発表した文筆家として思い浮かぶ人のほとんどが、ロッキング・オン的な自分語りに否定的だといってよい。

同社の雑誌のインタビューでは、音楽そのものよりもアーティストの成育歴や、悩み、喜ぶ自意識の開陳に焦点が当てられ、ライターの文章も曲を批評する以前に自分語りに堕しているというのである。それらの批判をごく簡単に要約するなら、自分を語るより音楽を語れ、人間ではなく音楽に興味を持てということになる。(前掲書)

しかし、江藤もまた主体＝表現の批評家であったことを考えれば、日本の音楽ジャーナリズムは律儀に戦後の文芸批評の保守本流のロジックをそのままなぞって歩んできた、と評価すべきなのかもしれない。

江藤のなかの「文学の終焉」

そうなると、まさに「ロック世代」であった村上龍の一九七六年のデビュー作「限りなく透明に近いブルー」を酷評し、確たる主体を持たない消費社会の申し子のような田中康夫「なんとなく、クリスタル」を評価した、この江藤の評価軸はますますわからなくなる。

前記の江藤の発言の初出は『海』一九八二年四月号(中央公論社)だが、最初にこの評価軸のわかりにくさを指摘したのは文芸評論家の加藤典洋であろう。

しかし江藤の仕事には基本的なわかりにくさがある。江藤は、「戦後」の「閉ざされた言語空間」にいらだつ。戦後になって得られた自由は「キツネにもらった小判」のようなものだ。「意味のある言葉、只の記号ではない言葉を、どうやって取り戻せるか」それを彼は考えているというのだが、いったいそれではどうしろというのか。彼のこの現実改革の具体的な手順、シナリオはどのようなものだというのかが、わからない。

(加藤典洋『アメリカの影』講談社文芸文庫)

実際には、江藤の言う文学の「閉ざされた言語空間」化の進行は止まることを知らず、江藤の晩年の仕事は「何が文学で、何が文学でないか」を選り分けていく作業であったともいえる。加藤はこの「わかりにくさ」を、戦後占領政策をキーワードに読み解いていくが、同対談のなかで江藤は、この「わかりにくさ」へのヒントも語っている。江藤のなかの「文学」と「非文学」の分岐点は、村上龍の登場の数年前には起こっていると指摘しているのである。

とはいうものの、六〇年代の終わりごろまではそれでもまだなにかの手ごたえがあった。現場の批評家が筆先に感じる実感として、何かが残っていたような気がします。それは実は日本文学が持っていた戦前からの蓄積なのかも知れないのですが、それがいつからなくなったのかといえば、二つの象徴的な事件を境にしているように思います。一つは一九七〇年、昭和四五年十一月二十五日に、三島由紀夫氏が市ヶ谷で自決したこと。それから一九七二年、昭和四七年四月十六日、川端康成氏が不自然な亡くなり方をしたことです。（中略）このことはまことに象徴的でしたね。（中略）彼、平岡公威は、三島由紀夫を美学的に造形することによってなんとか戦後を生きようとした。（中略）「三島由紀夫」を完結させようとすれば、ああいうかたちで死ぬほかない。従ってロジカルといえばロジカルに、ああいう道を歩むことになったのだろうと思うのです。（中略）この三島、川端のそれぞれの死が、七〇年代前半に相次いで起こり、一つの時代に終止符を打った。以後今日まで、文学は下降線の一途をたどり、日本の社会のなかでの存在意義すら疑われるような状況を呈している。というのが私の感想ですね。（前掲『文学と非文学の倫理』）

三島と川端の自死をもって文学の終焉とするのは、まさにその「自死」という決定的な主体と表現が結びついているという点で文学的、「ロック」的であったかもしれない。ここを契機として、文学は、江藤の言葉を借りれば「サブカルチュア」化していったということになる。

ところが、国内で現代のアイドル表現に繋がるアイドルが登場したのは、この一九七〇年から一九七二年を境にしてなのだ。

（注）

（1）このパラドックスを考えるとき、思い出す坂口弘の短歌がある。リンチ事件の首謀者森恒夫についてのものだ。

友を殺め　絶望を与えたる君が　愛せし歌は「希望」にてありき

皮肉である。

（2）エケペディア：wikipediaを模したAKB48グループのフリー百科事典サイト（http://48pedia.org/）

（3）文学用語としての「実存」や「本質存在」「構造」などを解説するとそれで本一冊分になってしまうので、ここでは簡単にこのような意味合いと思っていただきたい。

実存：その人間の固有の経験、人生。サルトル「嘔吐」、カミュ「異邦人」、大岡昇平「俘虜記」などに描かれる人間観。サルトルは人間というものは「かくあるべしという本質がないもの」と規定した。つまり「本当の自分ってナニ？」という問いのこと。

本質存在：社会のなかで与えられた役割。哲学の世界ではナゼか本質存在は「郵便屋」に喩えられることが多い。「道ならぬ恋をした郵便屋」がいたとして、「道ならぬ恋をした」のが実存、「郵便屋」が本質存在ということになる。

第7章　「一九七二年」のアイドル

1　文学の終焉とともに登場した「アイドル」

「さて紅組のトップバッターも初出場でございます。ティーンのアイドル、もうおわかりですね。南沙織さん、沖縄代表、どうぞ、『17歳』」（筆者注：一九七一年の紅白歌合戦において紅組司会の水前寺清子は南をこう紹介した）

（太田省一『紅白歌合戦と日本人』筑摩選書）

一般に、現代のアイドルの元祖は南沙織であるとよく言われる。確かにこの一九七一年、南は小柳ルミ子、天地真理とともに「新三人娘」と呼ばれ、若い世代の大きな支持を得た。この時すでに、「ティーンのアイドル」という呼称があったことは興味深い。

ところで、この一九七一年の大みそかといえば、連合赤軍事件では榛名ベースにおいて最初の犠牲者がでた日でもある。一二月二八日から総括要求されていた尾崎充男が総括リンチの末、死亡した。のちに死亡する加藤能敬と小島和子は引き続き総括が続けられ、縛られていた。ちなみに大みそかの夕食は永田洋子の発案で、山岳ベースでは贅沢品だったパン、コンビーフ、コーヒーがでた。

それでは一九七〇年、三島の自決した年はどうか。この年、一〇代の歌手で大きな成功を収めたのは藤圭子である。輪島裕介『創られた「日本の心」神話』(光文社新書)によれば、藤圭子はサウンドこそ演歌ではあるが、プロモーションの戦略は、後のアイドル戦略の嚆矢となるものだったと指摘している。

> しかし、藤圭子は単に若者に人気があったから「アイドル」であった、ということではありません。彼女のキャラクターと歌の相関、そしてその消費のあり方において、一九七〇年以降定着する「アイドル」のそれを先取りしている、ということです。
>
> 演出された「素顔」に基づいて企画された楽曲を歌うという行きかたは、一九七〇年代以降に登場する一〇代の「アイドル」をそれ以前の歌手と区別する特徴であり、「自分自身の気持ちを自分で歌う」という上演モデルを採用することにおいて、「フォーク」と「アイドル」は非常に親和性が高いといえます。(中略)「アイドル」の場合は、その「私生活」や「素顔」が人工的な虚構である、という醒めた意識をオーディエンスにもたらし、ひいてはその虚構性自体を享楽し、それと戯れる消費スタイルを生み出してゆきます。そのような「深読み」

を誘発する売り方（むしろ藤圭子の時点では「売れ方」にとどまっていたというべきでしょうか）においても藤圭子は先駆的です。

喧伝される彼女の不幸なプロフィールが出身地や年齢も含め、相当に脚色されていたことは後に知られますが、ブームの最中にあっても、その「暗さ」が作られたものであることは感知されており、そのことが逆に反体制文化人による様々な「深読み」の恰好の素材となりました。（前掲書）

アイドルが「ただ、可愛く、価値のない、愛されるだけの存在」という中森明夫の定義に従えば、藤圭子もまた、アイドルの要件を満たしていたことになる。また、消費者に自由な「読み方」を許容する点においても、現代のアイドルに繋がる源流が見られる。

無論、江藤淳的な価値観で計るならば、藤の「苦労」や「暗さ」は作られたものであり、商業的、政治的なイデオロギーと結託したものであり、主体と結びついていない、「記号のような言葉」ということになる。

ともあれ江藤が、文学が終焉したと規定した時期に、このような消費の在りかた、コミュニケーションの在りかたの萌芽が芽生えていたことを指摘しておきたい。もはや主体は問題ではない。藤圭子が実際に「苦労人」であったかは問題とならない。あるいは不良少女というキャラクターを当てられたアイドルが実際に不良であったかを問題としない――そのような消費行動は、この時期から拡大していくのである。
確かに一九七六年の村上龍の登場以降、田中康夫、山田詠美、島田雅彦、ひいては綿矢りさ、金原ひとみに至るまで、純文学作家は、主体がそのまま表現となるようなリアリティを生きるというより、より記号的、よりアイドル的な、なんらかのキャラクターになりきるかのようなふるまいを自覚し、またそのように消費されていくことになる。江藤の指摘は正しかったのである。[1]
ところで、前述した一九七一年の大みそか、その一ヶ月半あとの一九七二年二月一七日に妙義山中で逮捕される永田洋子もまた、大量殺人犯の烙印を押されながらも、まるでアイドルのように消費されていくのである。

2　糾弾と支持の間で宙吊りになる自意識

江藤が「文学が終焉した」と指摘した一九七〇年代初頭に連合赤軍事件は起こった。指導部の永田洋子は最高指導者の森恒夫とともに、一九七二年二月一七日、妙義山中で逮捕された。あさま山荘事件の二日前である。

その後三月七日～一三日にかけて、次々とリンチ殺害の被害者の遺体が発見される。四月一一日、永田は大量リンチ殺害を自供する。マスコミは森恒夫と永田洋子が事件の首謀者であると報道した。多くのマスコミはこの事件を政治的な文脈ではなく、猟奇事件として扱った。事件直後、山岳ベースでなにが起こったのかは一般にはほとんどわからなかった。山岳ベースでの一部始終が不完全ながらも世間に知らされたのは、一九八二年の永田の手記、『十六の墓標』が発表されてからである。

社会学者の小熊英二は『1968』（新曜社）のなかで、当時の「猟奇事件」報道を大きく三つの傾向に分類した。ひとつは、リンチが永田の自身の容姿のコンプレックスに起因しているというもの。『1968（下）』の「第16章、連合赤軍」によれば、

ある週刊誌は永田を形容して、「チビでヤセでブスでヒス、おまけに出目で反っ歯で色が黒いときちゃ、劣性因子だけでも七つだ。いってみりゃ、ホッテントットかピグミーのくち」と書いた。（中略）ある犯罪心理学者は、「思想面より、永田のギョロ目コンプレックスが事件を引き起こした、といって過言でない」とコメント」した。（前掲書）

週刊誌らしい書き立て方だが、これが当時の世間の永田への見方だったのだろう。

もうひとつは連合赤軍をフリーセックスの集団とみなす傾向である。無論、山岳ベースでセックスはありえない、と後述するＤＶＤのなかで植垣康博は述べているが、このような傾向の報道があった。事実無根とはいえ、彼らが当時進歩的な思想を持った組織であったという認

識が、世間の側にもあったことを窺わせる。もうひとつは、「この事件は戦後社会の病理を示したもの」という社会問題として捉えたもの。いずれにしても、マスコミの餌食として連合赤軍事件とその女性指導者永田洋子は消費されたのだ。

「永田洋子とはあたしだ」

たとえ的外れな見解を含んでいたとしても、犯罪者が世間から糾弾されるのは当然である。もし擁護者や支援者が現れるとすれば、それが冤罪の場合である。この事件は明らかに森、永田を含む指導部に責任があり、また、当事者がそれを認めている。永田という人物の不思議なところは、このような経緯にもかかわらず支援者や同情の声があとを絶たないことだ。

リブの活動家として知られる田中美津の『いのちの女たちへ』（田畑書店）は、まさにこの頃に書かれたものだが、ここには永田に対する強い同情の念が込められている。田中は事件発覚から間もない、一九七二年六月一日号の「日本読書新聞」に「永田洋子とはあたしだ」と題したエッセイを寄稿している。

田中の主張をひとことで言い表すなら、『いのちの女たちへ』のなかの、「男より主体的に革命理論を奉ろうとすれば、女はみんな永田洋子だ」という一文に集約されるだろう。(2)

このようなリブ〜フェミニズムの立場から永田を支援するという心情は、田中だけのものではない。たとえば社会派の人気ブロガーで知られるちきりんも「この事件にものすごく興味があって」と述べる。

彼女のブログ「Chikirinの日記」二〇一一年二月八日の記事、「永田洋子氏　死亡[3]」のなかで「永田洋子と私は、根本的になにか違うのか、状況が同じだったら私も同じことをした可能性があるのか。断言できない」と、田中のような激情型ではないにしても擁護の立場を見せている。常に永田には、このような語り手が定期的に現れるのだ。

田中に話を戻すと、田中の永田擁護は執筆活動のみならず、「連合赤軍事件の女性被告救援を通じてコトの本質にいくらかなりとも迫る会[4]」を結成し、さらに週一回ぐらいのペースで東京拘置所に接見に訪れるなど、行動的なものであった。

彼女はアイドル

当時、ほとんどのマスメディアが事件を猟奇事件ととらえ、彼らの本来の目的意識など完全に黙殺されていた状況のなかで、永田洋子の内面の問題に着目し、田中の行動を評価したジャーナリストがいる。田原総一朗である。

田原は事件から一年後の一九七三年に、当時ディレクターであった東京12チャンネル（現テレビ東京）で、「永田洋子　その愛　その革命　その…」と題したドキュメンタリーを企画している。このときの映像は現存しており、ＤＶＤ化されている。モニターに現れる田原は三八歳と若く、「とにかくこの事件はわからないことが多い」と半ば憤っているようにも見える。

田原はスタジオに田中を招き、獄中書簡を交わした永田の手紙を朗読させる。朗読のあとで、田原は田中にインタビューするのだが、ほとんど話がかみ合わないまま時間切れとなる。現在の目から観ると非常にインディな作りで、テレビのドキュメンタリーというよりUstreamかニコニコ生放送の配信でも観ているかのようなアングラな雰囲気である。

このDVDには特典があって、連合赤軍事件をテーマにした漫画「レッド」の作者山本直樹と、元連合赤軍メンバーの植垣康博をスタジオに招き、一時間半にわたって、深く、濃く事件を総括する。

このなかで田原と植垣、両者が口をそろえて言うのは、「永田洋子は決してブスではない。美人とはいえないが、愛嬌があった」という評価なのである。

この言説、どこかで聞いたことはなかったか。「特別な価値があるわけではない、美人でもない。でも愛嬌があって応援したくなる」という評価の仕方。

> ＡＫＢも、アイドルとしては可愛くないなんて言われてた女の子たちが、過酷なルールの下で本気を出して頑張っている、その姿の美しさにファンは心打たれるんだよね。今の時代にあそこまでの本気見せてくれる存在は少ないでしょう。（『ＡＫＢ48白熱論争』中森発言）

大量のアンチを生み出しながらも女性からも共感を呼び、男性からは「（容姿的な）価値は乏しいけど、本気の姿に心打たれる」と評価される。このようなコミュニケーションを我々はアイドルと呼んでいたのではなかったか。

3　「未熟」であることが最大の価値

二〇〇〇年一一月八日、元日本赤軍メンバー重信房子[5]が、大阪・西成区の潜伏先で逮捕された。

連行される映像がニュースで報じられたが、私を含む多くの若い世代には奇妙な違和感だけが残った。手錠をかけられた中年の女性が親指を上にあげて、ガッツポーズのような動きで「頑張るからね」とカメラに向かって言うのだ。結果、「よくわからない元過激派のヘンなおばさん」の印象だけが私の心に強く刻まれた。

のちに連合赤軍事件を調べるようになって、この重信房子という人物は重要人物であることがわかってきた。今でもインターネットの動画サイトで観ることができるのが、一九七三年八月一四日放映の「3時のあなた」におけるインタビュー映像だ。前月に起こった日航機ハイジャック事件の直後の映像で、重要参考人であるはずの人物がシレーっとインタビューされている。まず「昔のテレビってなんでもアリだったんだな」という感慨が迫ってくる。

早口で受け答えするのは面長の、化粧っ気のない、黒髪ロングの女性だ。重信が当時美人活動家と呼ばれていたのも理解できる映像である。明治大学時代には銀座のホステスのアルバイトでかなりの収入を得ていたという話もある。つまり、やり手の美人闘士だったのである。日本赤軍～連合赤軍事件を調べていて不思議なのは、永田と比べて、重信は振り返られることが少ないことだ。何冊も著書を発表し、世界を震撼させるテロ事件に関わっているのだが、重信個人に迫るような研究は少ない。

「かわいい女」永田洋子

ところで、永田洋子の逮捕時の映像も今はインターネット動画サイトを検索すれば容易に見つけることができる。

黒っぽい服装に痩せた体躯の女性で、力なく、警官隊に引き摺られるようにして連行される。パトカーに乗せられるときは、ゴム人形のようにグニャグニャと押し込まれる。

重信とは対照的な逮捕時の映像だが、このとき永田はなにを考えていたのか。『十六の墓標（下）』にこう記されている。

私たちは機動隊員に山道の入り口までひっぱられるように連れて行かれたが、その入り口にマスコミ関係者がいて写真をパチパチ撮っていた。どうしてマスコミ関係者までいるのだ

ろうと、私は不思議に思った。（前掲書）

そして永田は糾弾と罵声の嵐に巻き込まれることになる。しかし、逮捕直後から田中をはじめ、永田を擁護する声も登場するのである。

まず、元メンバーで数少ない支援者の一人が植垣康博である。永田は植垣に勧められ、ボールペン画をはじめる。『続・十六の墓標』には、植垣に絵を「稚拙だ」と評され、「稚拙だって！」と喜んだりしている。このようなコミュニケーションを大塚英志は『「彼女たち」の連合赤軍』でこう解説している。

永田がここで自分の絵を「稚拙」といわれたことに喜んでいるのは、この「稚拙」こそが彼女が「明石の君」と同じように望んでいたことばだからである。「かわいい」の根源は、「顔はゆし」、つまりこっちが赤面するぐらいみちゃいられないほどあぶなっかしい、という意味である。（中略）みっともなくて、未熟で、小さなわたし。（中略）もちろん、永田の「乙女ちっく」画は常にそれを肯定してくれる「男の子」の視線を必要とする。（中略）そういう「男の子」の肯定の視線に支えられなくてはならないことが、「乙女ちっく」イラストの、ひいては少女まんがという「私」語りの表現の限界である。（前掲書）

みっともなくて、未熟で、小さなわたし。そしてそんなわたしを肯定してくれる「男の子」の視線。この往還が「少女まんが」表現におけるコミュニケーションであると大塚は言う。そしてそれは、そのまま今日のアイドル表現にもあてはまらないだろうか。重信のようななんでもそつなくこなしてしまう美人のテロリストにはあまり興味が湧かないが、永田のような未熟さや稚拙さには自己を投影し応援したくなる、という心情。永田と植垣の関係は、実にアイドルとヲタの関係に近いのである。

水道橋博士「さきの永田さんの話だけれども、世間では怪物のように思われてる……」
植垣康博「ぼくは全然ブスだとは思わない。普通の女性ですよ。そりゃ、特別かわいい女性じゃないけども、愛嬌があるんだね」
田原総一朗「愛嬌がある」
植垣「ぼくはね、これは瀬戸内寂聴さんも書いてたんだけど、チェーホフに『かわいい女』ってあるでしょう。あれのかわいい女だと思うんですよ。ある男の、恋愛でもなんでもいいんだけど、その男の理論とか考えを、あたかも自分の理論、主張みたいに言い始めるのね。ところが相手が変わると、その男の理論をあたかも自分のもののように言い始める」

（DVD『田原総一朗の遺言〜永田洋子と連合赤軍』ポニーキャニオン）

ここで言及されるアントン・チェーホフ「可愛い女」とは一八九九年に発表された短篇小説で、愛した男に盲目的に従ってしまう女性を描いたものだ。本書で重要となる発言は、「特別かわいいわけではないが、愛嬌がある」という箇所である。これには田原も強く同意している。特別かわいいわけではない、なにか秀でているものがあるわけでもない、ただ愛される存在だとする中森明夫のアイドルの定義から鑑みると、永田はアイドルの条件を備えていたことになる。

絵を書かせても稚拙、川柳を詠んでも稚拙、しかし、そんな稚拙さ、未熟さを肯定し、認めたいという心情が、少なくとも私たち日本人のなかにある。

戦前にはギリギリ残っていたであろう、村落共同体の確固たる基盤を放逐され、足場をもたず、捉えどころのない「近代」をつかもうともがきながら高度経済成長を経た、わたしたち日本人。そのような日本人の典型として、永田洋子は存在する。永遠に成就するはずのない革命や事件の総括という課題を背負った、つまり永遠に未熟であることを運命づけられた数奇な人生を生きる者に対して沸き起こる心情というものが日本人にはある。

「かわいい」――英語の pretty でも cute でもない、この単一言語・単一民族で四方を海で囲まれた島国でのコミュニケーションにおいてしか機能しない心情。私たちはこの心情とともに生きていかざるをえない。

ただし、この心情が人々、主に女性に、抑圧や困難を生み出していないかを常に測定していかなければ、私たちのコミュニケーションは文化とはいえない。

4　母に捧げるバラード

未熟さに意味があるという価値観はさまざまな問題を孕むが、最大の問題は、「いつ、私たちは父となり、母となるのか」ということだ。人の親になるというこの一点だけは、「未熟でも頑張る気持ちがあればよい」ということにはならない。

歴史にifを用いることはナンセンスだが、もし、永田洋子がこのような事件に巻き込まれず、当時の多くの左翼学生がそうしたように自然と運動から足を洗い、年齢を重ねたとして、彼女は母になっていただろうか。やはり、私には想像がつかない。彼女の来し方は、母となるにはあまりにその準備が整っていないように思う。それは不思議と、「なんとなく、クリスタル」の由利の「整ってなさ」と同質のもののようにも思えるのだ。

あさま山荘に現れた二人の母

森と永田が妙義山中で逮捕されたのが七二年二月一七日。残党の五名は翌々日、二月一九日にあさま山荘に侵入する。

このとき、永田は松井田署を経て高崎署に留置されていたはずである。一九日以降、連日五

○パーセントを超え、二月二八日の突入時には民放、NHKあわせて八九・七パーセントという驚異的なテレビ視聴率を記録したこの事件に、永田はどの程度触れていただろう。
私が気になるのは、この超高視聴率の中継が続く三日目の二一日、坂口弘と吉野雅邦の母親が呼びかけに現れるところだ。現れたのは坂口の母、菊枝（五八歳）と吉野の母、淑子（五一歳）である。これが昭和四七年の事件なので二人とも大正生まれということになる。ついでに前述の武田鉄矢の母、武田イクもまた、大正生まれである。

二人の説得は約二〇分間続いた。あさま山荘事件は山荘を北側の斜面から見上げるような角度の映像がよく使われるが、この説得は実際には山荘南側の玄関側で行われた。佐々敦行『連合赤軍「あさま山荘」事件』（文春文庫）によれば、二人を乗せた特型警備車は山荘玄関前約一〇メートルまで接近し、説得した。

このときの説得の内容というのが、坂口『あさま山荘1972』でも、佐々の本でも、久能靖『浅間山荘事件の真実』でも断片的で、なにが語られたのか全貌が判然としない。これは山荘内の様子を記述した加藤倫教『連合赤軍少年A』でも同様だ。それぞれの断片を繋ぎ合わせるとこうなる。

まず、最初にマイクを握ったのは坂口の母のようだ。内容は、「武器を捨てて、人質の人を解放して、潔くでてきなさい。代わりが欲しければ私が行きます」というもの。続いてマイクをとったのが吉野の母で、大企業の重役の妻だっただけに理論派で、この日、二一日はニクソン米大統領が北京を訪れ、毛沢東と会談し、歴史的な米中国交正常化が交されたというニュースを織り込みながらの説得であった。このときの母親たちの説得の音声は例によってインターネット動画サイトで確認できるが、実際の吉野の母の声は甲高い、教育ママという感じである。

吉野母「まあちゃーん、お母さんよー。勇気をだしなさーい、まあちゃーん」（銃声の音）

翻って坂口の母親は、いかにも苦労人といった感じの声と喋り方である。

坂口母「お願いします。必ず鉄砲を撃つようなことはないように。鉄砲を撃つなら私を撃ってください。どうぞ、私のお願いを聞いてくださいませ」

ここまでが聞き取り可能な範囲である。

本書冒頭の森進一「おふくろさん」において森が想定した母親とは、このような母子密着型の、世界革命を志す、とうに二〇歳を過ぎた我が子を未だ「まあちゃん」と呼ぶようなタイプの「おふくろ」であった。決して川内康範が想定したような共同体のなかで静かに生きるタイプの母ではなかった。

それにしても永田は、この母親たちの登場をリアルタイムで視聴していたのだろうか。もし観ていたなら、どう感じただろうか。

なにしろ彼女の運動の出発点は、婦人解放だったのである。

（注）

（1）この「純文学作家がアイドルのようにふるまう、または受容される」という状況を指摘したのは、斉藤美奈子『文壇アイドル論』（岩波書店）が最初である。

（2）「永田洋子はあたしだ」という田中の言葉は有名だが、『いのちの女たちへ』のなかだけでも、「ベトナム戦災孤児はあたしだ」「永山則夫はあたしだ」という似たような記述がでてくる。どうもなにか数奇な運命と自分を重ねてセンチメンタリズムに酔う、という癖のあるエキセントリック系の女性だったようだ。つまり元祖かまってちゃんだったのだ。現代ならばこのような女性は「自意識系」「ロキノン語り系」などと揶揄されるはずだ。そういえばロッキング・オンが創刊されたのはこの一九七二年である。

（3）Chikirin の日記「2011.02.08 永田洋子氏　死亡」（http://d.hatena.ne.jp/Chikirin/20110208）

（4）ネーミングの時点で「ア、この人マズい人だな」と気付くべきである。

（5）重信房子（一九四五〜）日本赤軍の元最高幹部。ハーグ事件（一九七四年）の関与で国際指名手配を受けていた。二〇〇〇年、大阪市西成区のマンションに潜伏していたところ、逮捕される。逮捕時のニュース映像で、顔を隠すどころかまるで高島忠夫「イエーイ」のように親指を立て、「がんばるからね」などと叫んでいた熟年女性の笑顔は、脳裏に張り付いて離れない。映画「赤軍・ＰＦＬＰ世界戦争宣言」（一九七一年）では、パレスチナ解放のために戦うアラブゲリラとともに活動中の若き日の重信の姿を観ることができる。

第8章　喪われた「母」を求めて

1　日本人はいないのか

このあさま山荘突入の日、一九七二年二月二八日とは、かつてないほど日本人が、国民全体が「連帯」した日である。その当時の様子は様々に記述されている。坪内祐三は『一九七二』（文藝春秋）で、

実際、当時、成人あるいはものごころついていた私の知り合いで、その中継をまったく目にしたことない人は、一人もいない。

大げさに言えば、日本中の人が、全員、その画面を見ていた。（前掲書）

と、当時を回想している。この時の連帯感とは、サッカーのワールドカップ決勝や、オリンピックの日本人選手の決勝などとは比べ物にならないほどの熱気だったはずだ。

この日の、異様に昂ぶった連帯の気分を、冷ややかに見ていた者もいる。フォークシンガーの友部正人は「乾杯」という曲の中で、この日の街の雰囲気を冷徹に描写する。

電気屋の前に三〇人ぐらいのひとだかり　割り込んでぼくもその中に
「連合赤軍五人逮捕　泰子さんは無事救出されました」
金メダルでもとったかのようなアナウンサー
かわいそうにと誰かが言い　殺してしまえとまた誰か
やり場のなかったヒューマニズムが今やっと電気店の前で花開く
（中略）
ニュースが長かった二月二八日をしめくくろうとしている
死んだ警官が気の毒です　犯人は人間じゃありませんって
でもぼく思うんだやつら
ニュース解説者のように情にもろく　やたら情にもろくなくてよかったって[1]

おそらくこの曲は、まだリンチ事件判明前の状況の中で書かれたものではないだろうか。リンチ判明後にこのままの歌詞でレコードを発表していることから、友部の意図とは、この日のお祭りのような空虚な連帯感を描くことにあったのだろう。

私にはこの時の連帯感とは、従来の、たとえば東京オリンピックや日本万国博での国民的な盛り上がりといったような、戦後的なイベントに見られた素朴な連帯感の終焉を意味しているような気がしてならない。この突入劇での連帯感とは、のちに北田暁大が『嗤う日本の「ナショナリズム」』で指摘したような、「感動の全体主義」の源流であったのではないかと思えてくる。(2) それは、江藤が「文学が終焉した」と示したこの時期に、日本人の性質そのものが大きく変質したことの証左として浮かび上がってくる。

奇妙な闖入者

このあさま山荘事件の一〇日間に及ぶ銃撃戦のさなか、「日本人とは」と、問い続けた奇妙な人物がいる。この事件で唯一、山荘メンバーに狙撃された民間人、田中保彦氏である。

篭城から四日目の二二日、機動隊の封鎖線を突破し、山荘の玄関前まで侵入してきた男性がいた。彼は玄関の扉を叩きながら「自分は文化人だ、死ぬつもりできた、人質の身代わりになる」などと叫び、現場を混乱させた。管理人室の銃眼から様子を窺っていた坂口弘についに狙撃され、首筋を撃たれる。よく訓練された刑事と勘違いしたためだ。その場に倒れこんだが自力で這い上がり、階段を上がっていった。狙撃した坂口は『あさま山荘1972(下)』のなかで、「この日の出来事は永久に忘れられない」と記している。

坂口前掲書によれば、田中氏は一九四一年生まれ、このとき三〇歳であったようだ。新潟市内でスナックを経営していた。そして麻薬中毒者であったという。

彼はテレビで事件を知って興奮し、二一日、電車を乗り継いで軽井沢へやってくる。その車中で周りの乗客に「自分は天涯孤独の身だから人質の身代わりにうってつけだ」「日本人はいないのか」などと演説をぶって、冷やかされたという。

この日、彼は一度封鎖線を突破して山荘の駐車場まで到達している。そこで「話がある」などと山荘に向かって叫んでいたようである。無論、その場で機動隊に連れ戻され、軽井沢署にて調書をとられたようだ。

このときの警官とのやりとりの一部が野上元「あさま山荘事件と『戦争』の変容――『メディア論』の現代史のために」（『カルチュラル・ポリティクス1960／1970』せりか書房、収録）のなかで引用されている。

警官「あんなことをして撃たれたらどうするつもりだったんだ」

田中「……」

警官「撃たれて死んでもよいと思ったのか」

田中「……はい」

警官「……」

田中「だって、それが日本人でしょう」
警官「……」
田中「そうじゃないんですか?」（前掲書）

彼は現場に向かう車中で「日本人はいないのか」と演説し、乗客の失笑を買っている。おそらく、この二年前の三島由紀夫の演説を想起させるものがあったのだろう。

しかし、あながち嘲笑する話でもない。自衛隊市ヶ谷駐屯地で演説中、隊員の罵声を浴び続けた三島と、乗客に冷やかされていた田中氏が後生守っていたものは、江藤がこの時期に終焉したとする、文学の精神と重なるものだ。不思議なことは重なるもので、この二月、元日本軍の横井庄一が日本に帰還している、彼らと同じ精神の持ち主であろう元日本軍兵士が。

佐々敦行前掲書によれば、田中氏は自力で階段を上がってきた（機動隊と二言三言会話も交している）ので救急車に乗せて軽井沢病院へと送り、一件落着とした。また坂口も、氏が「私を撃ちましたね。私を殺したら死刑ですよ」と言ったのを聞いたと証言している。

しかし彼のケガは、三八口径の弾が右耳後数センチのところで脳内に留まっていて重体だったという。その後弾の摘出手術を受けたものの、死亡した。

とにかくこの事件でもっとも不思議なエピソードであり、人物である。[3] 意外と当時、マスコミはこの民間人射殺事件についてあまり騒がなかったようだ。

そういえば、狙撃した坂口は反米愛国路線の革命左派出身である。

2　喪失の先にあるもの

この年の六月、先の奇妙な人物と同じ姓をもつ、当時通商産業省大臣だった田中角栄が『日本列島改造論』を発表し、ベストセラーとなる。

戦後、産業構造が農業から工業へと変容する中で、都市部への人口集中が深刻化していた。この中で田中角栄は「私が日本列島改造に取組み、実現しようと願っているのは、失われ、破壊され、衰退しつつある日本人の『郷里』を全国的に再建し、私たちの社会に落着きとうるおいを取り戻すためである」という国土の再編成をうたった。要するに高度成長期らしい土建屋政策論である。

田中は見事、同年七月の自民党総裁選で勝利し、総理大臣として列島改造に取り組むが、オイルショック、公害、地価上昇などの問題を前に、この施策は後退することになる。

列島改造論の失敗、連合赤軍事件を契機とする左翼運動の失速、オイルショックにともなう高度経済成長の終焉、そして江藤淳の指摘による、三島、川端の死による文学の終焉……。

こういった「祭の後」のような状況から鑑みて、七〇年代後半の日本の文化とは、一言でいえば「喪失」という言葉で表わせるだろう。

「喪失」を歌い引退したアイドル、山口百恵

この「喪失」について歌った歌手がいる。アイドル歌手である。

山口百恵「いい日旅立ち」は一九七八年一一月にリリースされた。国鉄の旅行誘致キャンペーン、ディスカヴァー・ジャパンのキャンペーンソングである。谷村新司の手による叙情的な歌詞は、当時未だ一九歳であった山口にはあまりに大人びた世界であったが、結果、彼女の代表曲となった。

音楽ライターの磯部涼(4)がこの歌について寄せた文章がある。明治四二年生まれの彼の祖母が、二〇〇九年に一〇〇歳で亡くなったことについて書かれたものだ。彼女は演歌好きだったようだが、紅白などで北島三郎や森進一が登場すると文句を言っていたという。そんな彼女が「いい日旅立ち」だけは珍しく褒めていたという。

祖母が、好きなはずの演歌にも文句を言っていたのは、当時、演歌が衰退期に差し掛かり、生き残りを賭けるために歌謡曲に接近したからだと推測できるが、どうして演歌というよりは歌謡曲の範疇である「いい日旅立ち」は気に入ったのだろうか。（中略）今、聴くと、むしろそれは消え去り行く日本の村社会的地域共同体への鎮魂歌としか思えない。（中略）そこでは、地域共同体を飛び出し、ヴァーチャルな共同体の確立を目指したものの挫折、社会復帰

を果たしたあと、懐かしい故郷を振り返ってみれば、そこにはもうなにもなかったという、当時の大衆の多くが共感できるだろう感情、風景が歌われていた。だからこそ、祖母はあの歌に感動したのだし、そこで初めてポスト団塊世代と気持ちを共有できたのではないか。

（「失われた場所を求めて――〇〇年代国内音楽における歌詞についての私的考察」『ゼロ年代の音楽　壊れた十年』河出書房新社、収録）

確かに、日本国民、老若男女をひとつにまとめあげる歌があるとすれば、「いい日旅立ち」が最後のような気がする。無論、その後にも「My Revolution」であるとか「川の流れのように」「世界に一つだけの花」のような国民的ヒットがあるではないかという意見もあるだろう。しかしそれらの歌には、特定の階層をまとめる力はあっても、国民全体をまとめあげるような力はもはやない。それはＡＫＢ48のようなモンスターグループであっても同様だ。

「いい日旅立ち」は山口百恵の代表曲だが、今、改めて当時の映像を観ると、山口は決して「かわいく」ない。無論、大変な美人ではある。だが彼女の容姿とは、「かわいいアイドル」といった形容からはほど遠い迫力に満ちている。そしてそのような若い女性歌手は、山口を最後に現在まで現れていない。これはどういうことか。

つまり、日本人は八〇年代以降、「かわいく」なったのだ。あるいは「かわいさ」に価値を一気にシフトしたのだ。日本人が「日本人」といった大文字の括りでまとまりきれなくなって以降、階層化、趣味化していくなかで、私たちは稚拙で、未熟で、かわいくあろうと無意識に目指していったのだ。その象徴的な存在が一九八〇年にデビューした松田聖子だった。

3　まだ喪失のなかにいる

高度成長期を越え、近代化を達成したあと、私たちは「かわいさ」を目指した。

昭和の終わった年、一九八九年に書き上げられた永田洋子三冊目の手記、『続・十六の墓標』（彩流社）には、前二冊の、ただ半生を書き起こしていくだけの乾いた筆致とは打って変わって、四〇代女性の様々な所感が述べられる。[5] たとえば、前二冊がいかに運動と関わり挫折していったか、という硬質な内容であったのに対して、「続」はこんなエピソードからはじまる。

逮捕された時には、私は二七歳になったばかりでしたが、現在は四四歳です。（中略）四三歳になった頃から老化の始まりを感じるようになりました。目、鼻、口の周りがザラザラゴワゴワになり、まるで岩の感触なのです。それで驚いた私は、老化にも関心を寄せ、資生堂から刊行されている「美しく年を重ねるためのヒント」を購読しました。そして、表皮の下の真皮で生成されるという肌の潤いを保つための水分が不足するようになったことを知りました。そこで、私は、真皮を刺激する必要を感じ、考えあぐねて顔をポンポンとたたくようになりました。ここ東京拘置所では「目じりにピーンときたら」という文句で宣伝されているようなホルモン入りのクリームなどを使えないからです。（前掲書）

このような書き出しで、ここには革命も、左翼用語も、「銃の質」も、殲滅戦も、武装闘争といった言葉も登場しない。よくある四〇代ぐらいのタレントのエッセイのようなテイストなのだ。ちなみに「宣伝されているような」と引用されているのは、再春館製薬の「ドモホルンリンクル」のことであろう。拘置所ではテレビを日常的に視聴していたことを窺わせる。ひとことで言えば、この本における永田は「かわいい」のである。無論、その「かわいさ」とは、四四歳のおばさんが女子学生のようなぶりっ子を演じているような気恥ずかしさをともなうものではあるが。

当時永田はボールペン画を植垣康博の勧めで始めており、この本のなかにも多くの挿画を寄せている。この頃、永田は鮮明な夢を見たという。新聞に「稚拙」と評されたことを、誰かに向かって「稚拙で悪かったわね」と繰り返しているというもので、植垣が仲裁に入ろうとするが、止まらないというものだ。

私は、夢の中で「稚拙」という言葉がでてきたことがおかしくて仕方がなかった。私の絵に言及されたことが楽しかったのに、「稚拙」と言ってほしくない気持ちがあったことがわかったからである。私は自分の俗物根性に「そうか、そうか」と思いニヤニヤしたが、死刑判決より「稚拙」と評されたことのほうが大きかったことは、私の心を弾ませてくれた。（前掲書）

この本の中には大和和紀[6]の漫画「あさきゆめみし」の模写や歌麿の浮世絵の模写などが挟まれているが、なかなかどうして上手なものである。特に和服の模様などまで線を一本一本重ねていく手法は細かいもので、手間がかかっている。ナゼか、筆者は「スクリーントーンを使わない」ことをモットーとした漫画家、故・青木雄二[7]氏を想起するのだった。

そして、絵を勧めた張本人の植垣も、決して彼女の絵を褒めることはしないのだった。

植垣さんは、私の絵に対し、「うまいとはいえないが、気持ちがこもっていて暖かみがあり、絵らしい絵」と評してくれていたが、私は頭をかきながら「稚拙だって！　ウーン。アハハ、ウフフ」という思いであった。（前掲書）

無論、ぶりっ子という印象もある。しかしここには、人生も半ばを過ぎた女性の哀愁もまた、漂っている。そして、永田の「かわいさ」とは、この時代の日本人がいっせいに目指した「かわいさ」と妙にシンクロするのだ。

4　かわいい日本

日本の代表的なSF作家、小松左京の「日本アパッチ族」（一九六四年）は、未来の日本においてマイノリティである「アパッチ族」が反乱を起こし、遂に日本は焼け跡のようになってしまい固有の文化も社会も失うという、八〇年代のサイバーパンクの登場を予見したような内容である。このなかでアパッチがかつての日本をこう評する。

「ほんまに、日本てええ国やったなアーわいかて好きやった……ちっこうて、かわいいて、やさしいて――ずっと昔、飛田で買うた初見世の女郎みたいやった」（「日本アパッチ族」）

日本という国が、「かわいい」とはどういうことか。「ちっこうて」はわかる。単純に国土の狭い、島国であるところから理解できる。そして「初見世の女郎」、つまり、未だ汚れていない売春婦――極めて男性にとって都合のいい存在の女性といえる。それが喪失した日本だというのだ。

本書の最初のほうでもそのような「喪失」の記述があった。江藤淳の一九六六年のエッセイ「戦後と私」のなかで、すっかり変わり果てた故郷の風景のなかに「鹿の子絞りの風呂敷包み」を抱えた少女を置いてみせる、あのセンチメンタリズムのことである。江藤、小松両者とも、同じ時期に、かわいい無垢な少女をこの国の喪失のなかに見るのだ。

東浩紀は『セカイからもっと近くに　現実から切り離された文学の諸問題』（東京創元社）で、小松を「文学の保守本流ではない作家』の一人として取り上げている。この中で東は「小松は、その作品歴の全体を通して、女性の登場人物を一貫して男性の感傷の対象としてしか描くことのできなかった作家」だと指摘している。

小松の想像力においては女性は女性であるだけではありません。技術に翻弄され、未来へと進み続ける男性主人公が帰るべき故郷、日本を象徴しているのです。（中略）女性への愛。女性のイメージがつねに「日本」や「自然」、そして「故郷」に重ねられていることは、小松において、その愛が、対等なパートナー（妻や恋人）への性愛というより、つねに息子から母への愛として表象されていたことを意味します。（中略）小松は生き生きとした女性を描くことができません。女性への愛を母への愛と重ね、そして日本や自然や故郷への愛と重ねることでしか表現できません。ひとことでいえば、小松が描く男性の主人公はみな、辛苦に満ちた旅のあと、すべてを許す母親の胸を求めて帰ってくるようなマザコン少年たちなのです。

（前掲書）

東の指摘する問題とは、戦後文学において「辺境」の位置にいた小松にとって、女性とは「日本」「自然」「故郷」であって、いつか帰る母親のような存在として描かれている点だ。

ここでさらに話がややこしくなるのは、戦後文学の保守本流の批評家であるところの江藤淳は、小松同様、女性が「自然」であることが本来の姿と考えているのだが、日本が近代化という「成熟」を経てしまうと、女性から「自然」「故郷」が喪失され「自己嫌悪を植えつける」ことを問題視する立場だったということだ。そして社会が近代化を達成してしまうと女性は、「情報化」「人工化」を余儀なくされる、と指摘している。

その点で、小松が描いた焼け野原のような文字通りの「喪失」を味わう「アパッチ族」と、江藤が指摘した、風景は欧米的、進歩的なライフスタイルを獲得しながらも、女性が「日本」も「自然」も「故郷」も失って、その前で途方に暮れる日本人男性の苦悩を描いた小島信夫「抱擁家族」の「喪失」とでは、後者のほうがより複雑で取り返しのつかない状況を描いているると思える。

すでに手遅れな「母親探しの旅」

それにしても、東の言う「男性の主人公はみな、辛苦に満ちた旅のあと、すべてを許す母親の胸を求めて帰ってくるようなマザコン少年たちなのです」という指摘は、小松に限らず、第三の新人をも含む、この高度成長期のとば口の文学の特徴なのかもしれない。

小島信夫「抱擁家族」における、若い米兵に妻を寝取られ、「ヤンキー、ゴウホーム！」と罵るインテリの中年男性。彼は家庭の崩壊を止めようと努力するが、もがけばもがくほど、家族の絆はほどけてゆく。やがて彼は妻を失うが、かつての前時代的な、母親のように面倒を見てくれる新しい妻を探そうと奔走するも、現れるのは三七歳で未婚で仕事を持っているという「近代的」な女だ。再婚をもちかけるも主人公と女ではまったく話がかみ合わない。

つまり、確かにこの時代の男たちは様々な困難を経て母親の胸に帰ってこようとするが、肝心の母親はもはや、この時代にはいなくなっていたことを示している。「近代的な女性」「進歩的な女性」とやらは大勢いるが、母親がいない、という「喪失」の状況。

東の指摘につけ加えるなら、戦後文学とは「マザコン少年が、マザーの胸を求めて帰ろうとするが、時すでに遅く、肝心のマザーはすでに喪失していた物語」ということができる。

江藤は「抱擁家族」の時子に「母」の崩壊の音を聞くが、この時子の崩壊のあと、七〇年安保に永田洋子が、八〇年代的消費社会の幕開けに「なんとなく、クリスタル」の吉野由利が、バブルのとば口に渡辺美里が、そして二〇〇〇年代にAKB48が、「母」が崩壊したあとの女性の姿を体現してきたのだ。

江藤の言う「文学の終焉」の時期である七〇年代初頭にアイドルが登場し、サブカルチャーの萌芽が見られたのは、ひとえに、「母」を失った「マザコン少年」たちの「母親」探しの旅だった、と考えられないだろうか。

そう考えた時、今一度極寒のあさま山荘の七二年に思考を戻してみたくなる。投降を呼びかけた山荘メンバーの母親たち、そして結果、彼女らに銃口を向け発砲したメンバーという、この事象について考えてみたい。

5　銃口はどこに向けられたか

山荘に現れたのは、坂口弘、吉野雅邦、坂東國男、そしてすでに榛名ベースの総括で死亡していた寺岡恒一の親たちであった。当時一〇代であった加藤兄弟の親は現れなかったようだ。彼らの親たちは警察の特型車からマイクで投降を呼びかけたが、山荘内の子どもたちはなにも反応せず、遂には発砲で応答した。佐々前掲書にはその時の様子をこう記述している。

「あさま山荘」を取り巻く千百人の警察隊や千二百人の報道陣は固唾をのんで犯人側の応答を聞こうと耳を澄ましている。すると突然、一発の銃声が静寂を破った。

「ダーン！」

ライフルだ。奴ら、ものも言わずに発砲しやがった。（中略）このひとでなしめ。泣いて訴える母親に向かって発砲するとは何ていう奴らだ。と、また続けて一発。

「バン」

このこもったような短い銃声は、多分銃身を切りちぢめた上下二連散弾銃だろう。弾は、山荘玄関前約十メートルに接近した二人の母親を乗せた特型警備車に命中した。母親たちの必死の訴えに対する息子たちの、あまりに非情な答えだった。（佐々前掲書）

このとき、散弾銃を発砲したのは吉野である。坂口『あさま山荘1972（下）』にこの時の様子がある。

午前九時すぎ、昨夜に続き、私の母と吉野君のお母さんの二人が、山荘玄関前の特型車のマイクを使って説得を始めた。吉野君のお母さんが説得を始めてすぐ、誰かが発砲した。

「お母さんを撃てますか」

と吉野君のお母さんが言うと、また発砲した。放送は中断された。しばらくして、私が待機しているベッドルームに、吉野君が猟銃を持って戻ってきた。目が潤んでいた。（中略）吉野君は、お母さんの説得を聞いていられず、早く終わらせようと思って、発砲したようである。（坂口前掲書）

このあと、二四日に坂東の親、二六日に寺岡の親から呼びかけがあったが、発砲があったのはこの吉野のときだけである。

「母」を求めてやまない日本の男性像

いずれも大正生まれで戦前の教育を受けて育った彼らの母親は「時子以前」、つまり「母」が崩壊する以前の「母」である。また、あさま山荘の建っていた南軽井沢郊外のレイクニュータウンとは、一九六〇年代後半から切り拓かれた別荘地である。つまり、たった数年前にはただの原野だった場所なのだ。

この時の図式とは「革命を志す近代人」たる連合赤軍メンバーが、誤って「ニュータウン」という、この時期以降の日本の郊外の風景を規定することになる「近代的な場所」に遭遇した、と説明できる。

坂口はこの、まだできたばかりのニュータウンの光景に戸惑った。坂口前掲書ではこのように書かれている。

夜も大分経ってから妙な場所にでた。そこは幾つもの丘がきれいに整備され(丸坊主)にされ、丘の間には舗装道路が走り、道路際には一定間隔で多くの水銀灯が煌々と周囲を照らしていて昼間のような明るさだった。人影はまったくなく、山の中に無人街が忽然と出現した感じなのだ。地図にも載っていないので、我々は混乱してしまった。(坂口前掲書)

彼らの地図には載っていない、真新しい別荘地。このような風景はこの時期を境に、全国の地方の原野に拡大してゆくことになる。いわく、「~ケ丘」「~台」「~ニュータウン」といった、歴史性も場所性も持たない均質な風景が日本全土を覆うことになるのだ。

もしや、吉野が撃ったのは、特型車の向こうに見える、未だ造成されていない原野(自然)だったのではないか。そして、前近代の「自然」や「故郷」と重なる「母」を撃とうとしていたのではないか。

「近代」が「前近代」を打ち抜く、という構図。

それ自体は確かに革命的な行為だったかもしれない。

だが、吉野自身わかっていたはずだ。自身が持つ二二口径ライフル銃では、特型車の防弾合板ガラスは撃ち抜けないと。本当の意味で「自然」や「故郷」を殺すことにはならないのだと。「母」から逃れようとして逃れられない。これが、戦後文学が描いてきた日本男性の姿だったのかもしれない。

(注)

(1)「乾杯」:友部正人、作詞作曲。一九七二年七月、シングル「もう春だね」B面が初出。一九七三年一月発表のアルバム「にんじん」にも収録された。スリーフィンガーピッキングの伴奏の上でポエトリー・リーディングのように歌詞を読みあげていく。それまでぶっきらぼうな調子だったのが「オー　せつなやポッポー」のサビの部分でヴォーカルのミックスが異常に大きくなる。ちなみに「にんじん」発売の月に、連合赤軍最高指導者の森恒夫が東京拘置所で自殺した。

(2)「感動の全体主義」：北田暁大『嗤う日本のナショナリズム』のなかで九〇年代のテレビ文化に特有の現象をこう指摘している。端的にまとめると、八〇年代のバラエティ番組の特徴とは、番組や業界の裏側を見せることで視聴者をアイロニカルな共犯者に仕立てる手法にあった。たとえばバラエティ番組に登場した（お約束を理解していない）素人をタレントと同様にツッコむ視聴者。この視聴者は「テレビを主題化したテレビ番組を視聴する視聴者を視聴する」わけで、どこにもテレビの真の「外部」は存在しない。このような構造を北田は「純粋テレビ」と名づけた。

テレビの「裏」を見越した視聴者を前提としたテレビは、アイロニカルな立場をとったまま、没入＝感動するという奇妙なテレビ視聴のスタイルを生み出した。これは、「進め！電波少年」、「未来日記」などのバラエティはもちろん「24時間テレビ」のパロディとして生まれたはずのフジテレビ「27時間テレビ」もまた、感動の磁場へと吸収されてゆく。「感動」と「純粋テレビ」の方法が共犯となったとき、純粋テレビの外部の人間にはひどく不寛容な「感動の全体主義」を視聴者は求めるようになる、ということである。

北田はこの「感動の全体主義」が純粋テレビ以降の九〇年代に生まれたと指摘するが、筆者はその源流が、あさま山荘突入生中継だったのではないかと推測する。

そもそもあさま山荘事件は、さまざまな側面から語られるレイヤーを持っている。どういった経緯で軽井沢の山荘に逃げ込んだのか、武装闘争とは、人質闘争とは彼らの理論としてどう位置づけられるのか、どのような主張を持ったグループなのか、議論の余地はいくらでもあった。だが、当時のメディアは報道のポイントを「人質救出」一点に絞った。そして人質救出の瞬間をほとんどの日本人が生中継で目撃したのである。テレビメディアを通じて、この瞬間こそ、「感動の全体主義」がこの国に表出した最初ではないかと筆者は考える。
複雑に入り組んだ経緯を単純な「人質救出作戦」に絞り込み、まるでスポーツ観戦か、バラエティ番組における恋愛の成就のような「感動の装置」を、偶然にもこの時メディアは発明した。この全体主義は存外、強大な力を持っていて、この時代にはまだ左翼運動に理解のある者も多かったはずだが、山荘メンバーは見事に「国民の敵」となったのである。

大泉康雄『あさま山荘銃撃戦の深層（下）』（講談社文庫）によれば、二月二四日には救援組織「赤色救援会」主催の「連合赤軍銃撃戦支持・人民集会」が機動隊の包囲のなか、一〇〇人の支持者を集めて安田講堂で開催されたとあるが、これは例外的な事例であろう。

（3）あさま山荘事件を描いた代表的な映画作品といえば、原田真人「突入せよ！あさま山荘事件」と若松孝二「実録・連合赤軍 あさま山荘への道程」がある。いずれも史実と異なる点が散見される作品だが、この田中保彦氏狙撃事件だけはどちらも時間をとって描いている。

この人物の来歴を簡単に説明すると、彼は幼い頃に両親を失い、親戚の家をたらい回しにされて育ったという。中学卒業後はバンドマンとして生計を立てるが、その頃から麻薬に手を染めるようになり、何度か服役している。ここからが不思議なのだが、田中氏は出所後、新潟で資産家の娘と結婚した。妻の出資により新潟市内でスナックを始める。しかし、家庭内暴力で七一年の暮れに離婚。そしてその二ヵ月後に彼は軽井沢に現れたのである。

この二日間の異常行動から鑑みて、麻薬かなにかで酩酊していたのは間違いない。実際に山荘玄関での発言も「自分は文化人だ」といってみたり「医者だ」と言ってみたり衝動的で、話は整合性のないものである。坂口が刑事と勘違いしたのもその不審な言動からであった。

筆者が不気味なのは、そのような状態の人間が、警察の厳しい封鎖線を単独で突破できるものなのだろうかという点だ。そもそもその前日、自らが封鎖を突破し捕まっている。よってこの日の封鎖はより強化されたはずだ。佐々前掲書によれば、山荘北側斜面、つまりよく知られている山荘が聳え立つ斜面を、島田勝之という画家と信越放送の桂富夫記者が封鎖を突破しようとしているところを取り押さえられた。その騒ぎの隙を縫って、田中氏はまんまと斜面を駆け抜け、三階の玄関までたどり着いたのである。凄まじい判断力と瞬発力である。

細かい話を続けるが、田中氏は山荘のドアを開け、玄関前にあった差入れの果物と手紙を中のバリケードの上に置いた。しかも彼はバリケードを乗り越えて侵入しようとまでしていたようだ。異常行動である。映画「突入せよ！」ではこの一部始終をわりと正確に再現しているが、「実録」では「ドンドン、ガチャガチャ」とドアの鍵が閉まっていたように描かれている。

「山荘のドアは簡単に開いた」この事実は大きい。

それにしても彼はバンドマンであったのだ。おそらく来歴から鑑みて、キャバレーなどのハコバンであったのだろうと推測できるが、担当楽器はなんだったのだろう。巨漢であったということでドラマーだったのだろうか。個人的にはベーシストであってほしい。

ところで大江健三郎は小説「浅間山荘のトリックスター」（『河馬に噛まれる』文藝春秋、収録）のなかで、この人物を好意的に描いている。作者自身がモデルと思われる作家O（オー）は、映画のシナリオを依頼される。テーマはあさま山荘事件だという。依頼者によれば理由は「あさま山荘事件は日本中の人間が参加した祭だと考えるからだ」という。Oのシナリオは田中氏がモデルと思われる、「中田安雄」が玄関前で狙撃され、倒れるところまでは事実と同じだが、ここに架空の人物を置いている。「鍔広の帽子の男」が寄り添って立っている。そしてこの男が開け放たれたドアの中と機動隊の双方に話しかけるのだ。やがて、帽子の男の先導で、中田、山荘メンバー、人質の女性とが続いて機動隊に向かって歩き始める。それを機動隊も報道陣も歓喜をあらわにして迎え入れる。まさに宗教画のようなワンシーンである。坂口は『あさま山荘1972（下）』で、「大江氏の連合赤軍事件を見つめる目には特別のものがある」、と認めている。

（4）磯部涼（一九七八〜）日本の音楽ライター。日本のダンスミュージックやアンダーグラウンドヒップホップなどに造詣が深い。いつもは歌謡曲やJポップのような保守本流の対極にあるようなインディカルチャーを専門領域としているライターだが、珍しくこの文章では戦後歌謡史に言及している。

（5）この『続・十六の墓標』は永田手記のなかでも、興味深いエピソードの多い一冊である。筆者が絶句したエピソードのひとつが、

まだ早岐さん（筆者注：元革命左派のメンバーで印旛沼事件で殺害された一人。組織の幹部であった坂口、永田が彼女の処刑を決定した。殺害の際に使用された睡眠薬は薬学部出身の永田が調合した）が山岳ベースにいた時、赤軍派のM闘争（筆者注：当時赤軍派は銀行強盗など荒っぽい手口で資金を手に入れていた）を頭においてだろうが、「お菓子の問屋から沢山お菓子を収奪したいね」と言い、皆で爆笑したり、「新党」結成前の革命左派の山岳ベースで皆が好きだった花林糖の袋をまわしてワイワイ食べたりしたことなどを思い出し、もうそういうことが二度とない現実の前に、その場にいた殺害してもう生きていない金子さん、大槻さん、小嶋さん、加藤さん、尾崎さん、寺岡さん、そして山本順一さんの笑顔も思い浮かべメソメソしてしまった。（前掲書）

「菓子問屋を収奪したいね」といった冗談など、女子高生の修学旅行かと見紛うほど、よくある女子の団欒の風景である。このような和気藹々とした女子会のメンバーのほとんどを殺害してしまった永田だが、「二度と会えない」ことを悲嘆している。「どの口が言うのか」と非難されても致し方ない記述だが、筆者にはなぜだか嘘偽りの記述とはどうしても思えない。かえすがえすも残念なのは、和気藹々の女友達を次々と殺害していった数奇な経験からでるこの不思議な心情を、彼女はなぜもっと詳しく書き残さなかったのかということだ。

（6）大和和紀（一九四八〜）漫画家。代表作に「あさきゆめみし」「はいからさんが通る」などがある。絵の美しさに定評がある。大塚英志は『「彼女たち」の連合赤軍』のなかで、少女漫画にはじめて「内面」を表現する技法としてモノローグを使用したのは大和和紀「真由子の日記」（一九七〇）だと指摘している。

（7）青木雄二（一九四五〜二〇〇三）漫画家。代表作に「ナニワ金融道」がある。関西人らしい特徴的な絵柄で

知られる。通常、プロの漫画の現場では、人物の影や洋服の模様などはスクリーントーンと呼ばれるシール状の画材を貼って済ませることが一般的だ。だが、青木は「誰が書いても同じような絵」になるのを嫌って、洋服の模様や、畳の目に至るまで手で一本一本書き入れた。あるいは、通常は模様などで省略しそうな契約書の細かい約款や、公正証書などの文言も一字一句書き入れた。結果、ひと目で青木作品とわかる独特の画風を確立したが、腱鞘炎になってしまった。これが漫画家引退の原因のひとつといわれている。

おわりに

最後に私の母親の話をしよう。

私の母は四国の宇和島の田舎町で生まれた。終戦の時は幼児だったので記憶にないという。地元の高校を卒業後、就職のため上阪した。そこで関西の電機メーカー勤務の父親と知り合い、結婚したのだ。そして二子をもうけた。

やがて大阪の隣県の郊外の新興住宅地に引っ越す。ここは七〇年代に山の斜面を切り拓いた住宅地であった。坂に沿って整然と区画された空き地に、次々と新築の住宅が建ち並んだ。学校も幼稚園も公園もスーパーも郵便局も薬局も、すべてが真新しかった。この街には六〇年代以前の歴史はない。つまり私は、この国の歴史の負の部分を、成人する直前まで見ずに育ったのである。

どういうことか。

このようなニュータウンの風景から周到に排除された歴史は、厳然とこの国に存在する。たとえばヤクザ、わたしが幼少期の頃には辛うじていただろう傷痍軍人、風俗店や水商売の女、家出少女、不良少年やヒッピー、バンドマン、劇団員、在日外国人、性的マイノリティ……。このような人々はテレビか雑誌のなかにしか存在しなかった。私を取り巻く世界には主婦かサラリーマンか子ども以外の人間はいなかったのである。私は高校も、「～ケ丘高校」というネーミングから推測できるような郊外の新設校に進学した。

歴史にも土地にも結びついていない、私の両親のような典型的なサラリーマン家庭がこれらの街に軒を連ねた。彼らはただひとつ、企業に結びついていたのだが、六〇歳の定年とともにその結びつきはほどかれていくのだった。

私は子ども心に、「このノッペリとした清潔な空間や風景は嘘に違いない、この風景の外部があるはずだ」と感じていた。しかし、この街のどこをどう探しても、歴史や地域性や傷を見ることはできなかった。結果、私は隣町のレンタルショップに並ぶ音楽ＣＤや映画のビデオ、図書館の本のなかに外部を探すことにした。

今、この街の人口のほとんどは七〇歳以上の老人が占める。かつて活気を呈していた商店街もコンビニもシャッターを降ろしたままだ。企業とも土地とも歴史とも結びついていない彼らはおそらく、この国の歴史上、最初の漂泊民の集団であろう。その子どもである私たち世代とはさしずめ、「ネオ漂泊民」と呼んでいい。

本書は昨今のアイドルブームを振りだしに、江藤淳が六〇年代に「喪失」したと言った「母」の、その後を探す旅である。結果はどうであったか。

「母」を見つけることは極めて困難だった。なにしろ土地も歴史も持たないところからの旅である。時に、「これが『母』か⁉」と小躍りするような発見の喜びもあったが、それもつかの間、それは戦後社会の価値観の複雑すぎる変容に途方に暮れてしまった女性たちだったり、子どもを演じ続けることに疲れ果てた人々であったりした。

「母」はやはりいない。

私の父も母も、七〇をすぎて生まれ故郷に帰るつもりはないらしい。この寂れていく一方のニュータウンで人生を終えるつもりなのだ。すると、この街が巨大な漂流船に思えてくる。どこまで歩いてもコンビニの一軒もありはしないこの漂流船から、戦後日本の心情を書き留めてみた。それは団塊ジュニアでニュータウン育ちの者の目から見た、奇妙な日本人論となったかもしれない。

もう一度言う。「母」はいない。

だが私にはひとつだけ、手がかりがある。

私はこの夏、私用で兵庫県のある地方の町を歩いていた。この和田山という町は交通の要衝で古い町である。いまどきの田舎町によくある話だが、駅から離れた国道沿いに巨大なショッピングモールが建設され、駅前の商店街は完全に寂れていた。確かに古い町で、明治時代の建物がそのまま現役で頑張っていたりする。古い寺や神社もある。無論、そういうものにニュータウン育ちの私の心は動かない。

駅の裏手に出てみた。すると、真新しい住宅地があった。造成され、空き地の目立つ中にも集合住宅などがポツポツと建てられている。道路も街灯もまだ新しい。商店すらまだない。したがってクルマもそれほど走っていない。

私はこのような人工的な風景に猛烈に懐かしさを感じたのである。多くの読者は奇妙に思うかもしれない。きっと、この心情には未だ名前がつけられていない。

本書は花伝社の佐藤恭介氏からの一通のメールによってスタートした。企画書ともいえない漠然とした本書のアイデアを熱心に聞き入り、辛抱強く完成を待っていただいた。本一冊書き上げるといったエベレスト登山並みの苦行を、自分ひとりでは決して成し遂げることはできなかった。佐藤氏という支持者なしにはこの本は生まれ得なかったといえる。どうもありがとう。

主要参考文献

【書籍】

東浩紀『ゲーム的リアリズムの誕生〜動物化するポストモダン2』（講談社現代新書）
東浩紀『セカイからもっと近くに　現実から切り離された文学の諸問題』（東京創元社）
江藤淳『成熟と喪失—〝母〟の崩壊—』（講談社文芸文庫）
『江藤淳1960』（中央公論新社）
江藤淳・吉本隆明『文学と非文学の倫理』（中央公論新社）
円堂都司昭『ソーシャル化する音楽「聴取」から「遊び」へ』（青土社）
大江健三郎『河馬に噛まれる』（文藝春秋）
太田省一『紅白歌合戦と日本人』（筑摩選書）
太田省一『アイドル進化論』（筑摩書房）
大塚英志『「彼女たち」の連合赤軍』（角川文庫）
大塚英志『「おたく」の精神史』（講談社現代新書）
岡田康宏『アイドルのいる暮らし』（ポット出版）
小熊英二『1968（下）』（新曜社）
加藤典洋『アメリカの影』（講談社文芸文庫）
柄谷行人『定本・日本近代文学の起源』（岩波現代文庫）

河原和枝『子ども観の近代』（中公新書）
北川純子編『鳴り響く性・日本のポピュラー音楽とジェンダー』（勁草書房）
北田暁大『嗤う日本の「ナショナリズム」』（ＮＨＫブックス）
高護『歌謡曲』（岩波新書）
香月孝史『「アイドル」の読み方』（青弓社）
小島信夫『抱擁家族』（講談社文芸文庫）
小林よしのり・中森明夫・宇野常寛・濱野智史『ＡＫＢ48白熱論争』（幻冬社新書）
小松左京全集完全版『日本アパッチ族・エスパイ』（城西国際大学出版会）
佐々敦行『連合赤軍「あさま山荘」事件』（文春文庫）
さやわか『ＡＫＢ商法とはなんだったのか』（大洋図書）
さやわか『一〇年代文化論』（星海社新書）
坂口弘『あさま山荘１９７２（下）』（彩流社）
坂口弘『歌集　常しへの道』（角川書店）
椎野礼仁編『連合赤軍事件を読む年表』（彩流社）
田中美津『いのちの女たちへ―とり乱しウーマン・リブ論―』（田畑書店）
田中康夫『なんとなく、クリスタル』（河出文庫）
高橋檀『語られざる連合赤軍　浅間山荘から30年』（彩流社）
坪内祐三『一九七二』（文春文庫）
永田洋子『十六の墓標（上）（下）（続）』（彩流社）

坂東國男『永田洋子さんへの手紙「十六の墓標」を読む』（彩流社）
松本隆『風のくわるてつと』（新潮文庫）
見田宗介『定本・見田宗介著作集Ⅳ　近代日本の心情の歴史』（岩波書店）
山崎哲・芹沢俊介『新装版子どもの犯罪と死』（春秋社）
吉崎達彦『１９８５年』（新潮新書）
輪島裕介『創られた「日本の心」神話――「演歌」をめぐる戦後大衆音楽史』（光文社新書）
『クロス・レヴュー　1981-1989』（ミュージック・マガジン）
『情況』二〇〇八年六月号（情況出版）
『文藝』二〇一三年一一月号（河出書房新社）

【ＤＶＤ作品】
『実録・連合赤軍　あさま山荘への道程』（アミューズソフトエンタテインメント）
『田原総一朗の遺言～永田洋子と連合赤軍』（ポニーキャニオン）
『Documentary of AKB48 Show must go on 少女たちは傷つきながら、夢を見る』（東宝）
『突入せよ！「あさま山荘」事件』（角川書店）

中尾賢司（なかお・けんじ）

1974年、大阪生まれ。音楽ライター。幼稚園以降、奈良県北部の郊外で育つ。

音楽・文学・映画についてのブログ「kenzee 観光第二レジャービル」主宰。

『ミュージック・マガジン』『クイック・ジャパン』等に寄稿。本書が単著デビュー作となる。

ブログ「kenzee 観光第二レジャービル」 http://bungeishi.cocolog-nifty.com/

「ネオ漂泊民」の戦後——アイドル受容と日本人

2014年10月25日　初版第1刷発行

著者 ――― 中尾賢司
発行者 ――― 平田　勝
発行 ――― 花伝社
発売 ――― 共栄書房
〒101-0065　東京都千代田区西神田2-5-11 出版輸送ビル2F
電話　03-3263-3813
FAX　03-3239-8272
E-mail　kadensha@muf.biglobe.ne.jp
URL　http://kadensha.net
振替 ――― 00140-6-59661
装幀 ――― 三田村邦亮
印刷・製本 ――― 中央精版印刷株式会社

ISBN 978-4-7634-0717-7 C0095

融解するオタク・サブカル・ヤンキー
——ファスト風土適応論

熊代　亨　著

定価（本体 1500 円＋税）

〝尖った連中〟はどこから来てどこへ行ったのか？
ロスジェネ世代が挫折から立ち上がるために

「失われた 20 年」を経て〝尖った連中〟が死屍累々を築くのを横目に、変幻自在にオタク的・サブカル的・ヤンキー的フレーバーを身にまとい、今を楽しく生きる〝最近の若いやつら〟。ロードサイドに集う地元のリア充達は、なぜあんな〝ヌルい〟カルチャーで満足できるのか——

彼らのしなやかでしたたかな生き方に学ぶ、こじらせ系中年のための処方箋。